스토리 혁명

스토리 혁명

숏폼 시대의 소비자를 사로잡는 스토리텔링 코드 9

세련되지 마라 속도감을 버려라

Story Revolution

설명하지 마라 기승전결을 버려라

why it hit? 현유석·정종찬·정다솔 지음

펑화롭지 마라 리얼하지 마라

새롭지 마라

Storytelling 아끼지 마라

다산
북스

요즘엔 재미있는 게 참 많다. 여름철 러브버그처럼 쏟아지는 영화, 게임, 예능 프로그램들. 그런데 우리는 재미있는 것들에 파묻혀 즐기기만 하고, 왜 재밌는지는 생각해 보지 않는다. 이 콘텐츠들, 스토리들은 왜 재미있을까? 몰랐는데 뜨는 스토리엔 이유가 있다. 고민하고 설계한 장치가 있다. 이 책이 그 비밀을 알려준다.

_침착맨(유튜브 크리에이터)

〈피의 게임〉은 어떻게 보면 호불호가 갈리는 스토리를 담은 프로그램이다. 하지만 〈피의 게임〉은 흥행했고, 그 모습을 보며 새삼 깨달은 게 있다. '소비자들이 변했다'는 것이다. 그래서 이 책이 반갑다. 소비자들이 왜, 어떻게 변했는지 알려주고 그들의 마음에 차는 스토리를 짤 수 있게 해주는데 반갑지 않을 수 없다. 쉽고 재미있는 건 덤이다.

_현정완(〈피의 게임〉 시리즈 기획·연출 PD)

세상이 변했다. 한 시상식에서 수상 소감으로 말했듯, 새로운 콘텐츠를 만드는 게 너무 어려워졌다. 그래서 어떤 콘텐츠를 만들어야 할지, 어떤 스토리를 보여줘야 살아남을 수 있을지, 〈태어난 김에 세계일주〉를 기획하며 나 또한 오래 고민했다. 하지만 이 책을 읽는 독자들은 그 고민의 시간을 조금 줄일 수 있을 것 같다. 어떤 스토리가 '요즘 사람들'을 끌어당기는지 잘 정리한 이 책이 있으니 말이다. 콘텐츠를 만드는 사람이라면 이 책을 펼쳐보기를 권한다.

_김지우(〈태어난 김에 세계일주〉 기획·연출 PD)

원년의 문법이 파괴된 대한민국 콘텐츠 산업의 디스토피아를 적나라하게 표현한 책. 그래도 파괴의 원인을 알면 새 시대가 요구하는 유토피아로 가는 길이 조금이나마 빨리 보이지 않을까?

_김바로(〈좀비트립〉 기획·연출 PD)

현 시점 가장 트렌디한 스토리텔링을 찾는다면 바로 이 책!

_김성윤(〈구르미 그린 달빛〉〈이태원 클라쓰〉감독)

창작자는 콘텐츠로 끊임없이 이야기하고 싶어 한다. 하지만 대중과 대화하기 위해선 특별한 언어가 필요하다.『스토리 혁명』은 영화, 드라마, 논스크립트 콘텐츠가 대중에게 말을 걸 수 있는 특별한 언어를 알려준다.

_강숙경(〈피지컬 100〉〈강철부대〉작가)

『스토리 혁명』은 서론부터 쇼츠에 익숙한 독자들의 주의력을 휘감는다. 웹소설계의 '회귀·빙의·환생 열풍'으로 시작되는 흥미로운 이 책은 신드롬을 일으킨 〈선재 업고 튀어〉, 오메가 OTT 넷플릭스의 〈더 글로리〉, 전설을 쓴 영화 〈서울의 봄〉뿐만 아니라 유튜브의 흥행 소재들까지 조명하며 그 인기의 핵심을 정확하게 짚어내며 지적인 도파민을 선사한다. 우리가 책을 살 때 바라는 막연한 효용성의 기대감을 가득 채워주는 것이다.

그렇다, 이 책 『스토리 혁명』은 조회수를 잘 뽑아내는 어그로 1타 유튜버 '고몽'인 내가 볼 때… 조회수에 대한 감각을 벼리기에 최고의 교재다. 나는 앞으로 '조회수를 높이려면 어떻게 해야 할까' 고민하는 이들, '어그로란 무엇인가' 하며 감도 길도 잃어버린 인플루언서 꿈나무들에게 이 책을 강력하게 추천할 수 있을 것 같다. 나 역시 이 책을 읽고 잠시 무뎌졌던 초심을 되찾을 수 있었다. 유튜브 알고리즘의 선택을 받기 위해서는 인간의 선택을 받아야 한다는 생각 말이다. 레거시 미디어와 뉴미디어 콘텐츠의 제작을 병행하며 답 없는 '뉴미디어 정글'의 시류를 파악하고 본질을 건져낸 저자들에게 찬사를 보낸다.

_고몽(유튜브 크리에이터)

우리도 모르게 웃고 울며 즐기는 작품 안에 PD만 아는 숨겨둔 비밀 코드가 있다면 믿겠는가? 9년 동안 유튜브 영상을 편집하면서 몸으로 느낀 비밀 코드들이 이 책에 다 적혀 있어서 놀랐다. 첫 장면 선택의 중요성부터 스토리 구성 전략에 따른 효과까지. 모든 혁명이 아주 사소한 일에서 시작되듯, '스토리 혁명' 역시 그렇다는 걸 보여준 책이다. 스토리 구성이 막힐 때면 이 책을 다시 꺼내 봐야겠다.

_김시선(유튜브 크리에이터)

　퇴근 후 을지로 술집으로 모여들던 '너드nerd'들이 있었다. 솜뭉치처럼 무거운 몸을 상암동에서도 일산에서도 마다 않고 끌고 와서는 드라마, 영화, 예능, 음악에 대해 이야기했다. 이게 왜 팔리는지 왜 의미가 있는지 또 왜 그렇지 않은지를 설득하고 물어뜯다가 취해서 끝나고 마는 그 시간을 나는 참 좋아했다. 콘텐츠를 사랑하는 사람들이 온 진심을 다해 괴로워하고 고민하면서 밥벌이를 한다는 게 뭉클하게 느껴졌다.

이 책은 그 때 그 콘텐츠 너드들이 써 내려간 짧은 호흡의 스토리 전략서다. 업계 최전선의 실무 전문가들이 전하는 응축된 스토리 성공 공식들이다. 요즘 가장 잘 나가는 영화, 음악, 드라마, 숏폼만을 쏙쏙 골라 담아 사례만으로도 흥미롭다. 업계 밖 사람은 알 수 없는, 내부자들의 자체 성적표를 엿보는 재미도 있다. 특히 콘텐츠 업계에서 일하기를 꿈꾸는 사람에 겐 가장 최근의 사례를 담은 입문서가 될 것이다.

을지로에서 누군가 "스토리는 왜 중요한가" 물었더니 또 다른 누군가가 "정치나 경제는 바꿀 수 없는 것을 바꿀 수 있기 때문"이라고 말했다. 그들의 고민과 열성이 위장 속으로 밀어 넣었던 알코올처럼 휘발되기만 한 것이 아니라 한 권의 흔적으로 기록돼 나온 것이 반갑다.

_조윤경(前 동아일보 문화부, 동아비즈니스리뷰 기자)

이 드라마 왜 재밌지? 스토리텔링의 비밀을 알고 싶다면!

_남지은(한겨레 문화부 기자)

"요즘 콘텐츠는 뚜껑 열기 전까지 성공 여부를 예측하기 어렵다." 수십 년 이 업계에 종사해 왔으면서도 플랫폼과 장르의 다변화를 핑계로 입버릇처럼 이렇게 말하는 제작진 및 관계자들에게 일독을 권한다. 최신 콘텐츠들을 사례로 최신 트렌드를 명료하게 풀어낸 것도 흥미롭지만, 동시에 '소비자에 충실하리'는 기본을 줄기차게 강조하고 있는 점이 업계의 나태함을 일깨운다.

_이정현(연합뉴스 테크부 기자)

콘텐츠에서 시작해 스토리에 이르기까지 "뭐 새로운 거 없어?"에 대한 혁명적인 답. 마케터에게 가장 소중한 '인사이트'가 넘치는 책이다. 다양한 성공 사례들 속 인사이트와 그 인사이트를 꿰는 큼직큼직한 궤를 책을 따라 발견해 가며, '콘텐츠 성공 방정식' 증명의 위대한 순간을 엿보는 것 같은 짜릿함을 느꼈다. 마케터들이 늘 고민하는 콘텐츠의, 광고의, 브랜드의 '스토리'를 개발하면서 "뭐 새로운 거 없어?"라는 질문에 가장 야무진 답을 내놓을 수 있을 책이다.

_류샤론(SKT 브랜드전략 매니저, 칸라이언즈 YLC 마케터 부문 브론즈)

결국은 스토리, 마침내 스토리. 마케팅의 목적은 사람의 마음을 움직이는 것이고, 여기에 이야기만큼 강력한 힘은 없다. 디지털 시대를 관통하는 여러 콘텐츠는 물론 레거시 미디어까지 두루 경험한 저자들은 그 이야기의 영향력을 가장 잘 아는 사람이다. 이 책은 틱톡처럼 친근하고, 다큐멘터리처럼 진심을 담은 스토리텔링 가이드다. 사소한 아이디어가 때로 혁명이 될 수도 있듯, 이 책도 그렇다.

_허윤선(《얼루어》 디렉터, 『읽는 사람』 저자)

시대도, 소비자도 변했는데
왜 낡은 스토리텔링을 고집하는가

조연출 시절, 서툰 편집본을 보며 선배들이 입버릇처럼 하던 말이 있다. "액션이 있으면 리액션이 나와야 한다." "편집에는 기승전결이 있어야 한다." "핵심 플롯 외 잔가지들을 쳐내는 것이 편집이다." 선배들의 조언을 진리로 여기며 그렇게 스토리텔링의 정답을 찾아 매진했다.

하지만 요즘 팔리는 이야기들을 보면 선배들의 가르침이 무용지물처럼 느껴질 때가 있다. 리액션 없이 액션만 이어지는 콘텐츠가 인기를 끄는가 하면, 기승전결을 갖춘 이야기임에도 초반이 지루하다고 외면받기도 한다. 그뿐 아니라 과거라면 버려졌을 잔가지들만으로 이루어진 콘텐츠가 사랑받기도 한다.

시대가 변했고, 소비자가 원하는 것도 바뀌었다. 계속해서 달라지고 있는 소비자에게 과거에 정답이라 믿었던 스토리텔링이 먹힐 리 없다. 정답이었던 스토리텔링은 오답이 될 수 있고, 반대로 오답이었던 스토리텔링은 정답이 될 수 있는 시기다.

우리가 알고 있던 낡은 스토리텔링에서 벗어나 새로운 스토리텔링 공식을 찾아야 한다. 트렌드가 획획 뒤바뀌는 콘텐츠 업계에 종사하는 PD와 마케터로서 이를 더더욱 절실하게 느낀다.

*

살아남은 콘텐츠, 요즘 잘 팔리는 이야기에는 분명 바뀐 소비자의 마음을 붙잡는 새로운 스토리텔링 방식이 존재한다. 그래서 우리는 성공한 콘텐츠들을 살펴보며 이들 안에서 공통적으로 발견되는 스토리텔링 공식을 아홉 가지로 정리해 보았다. 소비자가 '어떤 이유로', '어떻게' 변하게 되었는지 현상을 싶고, 마낀 소비자를 사로잡을 새로운 스토리텔링 공식을 제시할 것이다.

모든 것이 스토리가 될 수 있는 시대에서 더 이상 스토리는 콘텐츠 산업에만 국한되지 않는다. 인플루언서를 꿈꾸는 이들은 스스로 매력적인 스토리 그 자체가 되어야 하고, 취준생은 합격을 위해 자기소개서와 면접에서 전략적으로 스토리텔링을 해야 한다. 나의 브랜드를 창업할 때에도 다른 브랜드와는 차별화되는 컨셉과 스토리가 중요하다.

때문에 이 책은 예능, 드라마, 영화, 웹툰과 같이 콘텐츠 산업의 사례뿐 아니라 마케팅, 브랜딩, 광고, SNS, 플랫폼 전략과 같이 넓은 의미의 콘텐츠 사례들도 포괄적으로 다룰 것이다. 스토리가 필요한 분야라면 그 어떤 곳에서도 적용할 수 있는 솔루션을 제시하려 한다.

*

기획을 관철시키기 위해 매일 고뇌하는 직장인들,

브랜딩을 하고 싶지만 어떻게 해야 하는 것인지 막막한 자영업자들,

개인 SNS 운영을 해보고 싶은 인플루언서 꿈나무들,

그리고 스토리의 힘을 믿는 마케터들과 콘텐츠 업계의

동료들까지.

모두가 이 책을 읽으며 조금이나마 도움을 얻을 수 있기를 간절히 희망한다.

현유석, 정종찬, 정다솔

차례

이 책에 쏟아진 찬사 4

프롤로그 **시대도, 소비자도 변했는데**
왜 낡은 스토리텔링을 고집하는가 12

1장 기승전결을 버려라, 우리의 인내심은 바닥이다

Issue 짧고 굵은 숏폼 시대의 탄생 23

Revolution 1 위기와 극복을 무한히 반복하라 27

Revolution 2 체리피커에게는 체리를 먼저 36

'NEW' 스토리 코드 1 40

2장 세련되지 마라, 딱 맞는 톤 앤 매너가 더 중요하다

Issue 촌스러워서 성공하는 스토리가 있다? 45

Revolution 1 예쁜 옷이 아니라 맞는 옷을 입자 48

Revolution 2 유치함으로 문턱을 낮춰라 57

'NEW' 스토리 코드 2 66

3장 속도감을 버려라, 고생 끝에 과몰입이 온다

Issue 공감을 얻으려는 자, '빌드업'을 하라 71

Revolution 1 '내적 친밀감'을 쌓아라 76

Revolution 2 오르락내리락 롤러코스터에 태우기 80

'NEW' 스토리 코드 3 88

4장 대중적이지 마라, 대중은 상상 속 유니콘이다

Issue 대중은 '개인'과 '개인'의 집합일 뿐 93

Revolution 1 언제나 먹히는 정반합 공식 98

Revolution 2 돈 쓰는 '덕후'들을 모셔라 105

'NEW' 스토리 코드 4 114

5장 아끼지 마라, 아끼다 똥 된다

Issue 처음부터 다 보여주기를 원하는 사람들 119

Revolution 1 스포일러 대환영 123

Revolution 2 과정도 콘텐츠가 된다 133

'NEW' 스토리 코드 5 140

6장 새롭지 마라, 아는 맛이 더 무섭다

Issue **100% 재미 보장을 원하는 소비자들** 145

Revolution 1 **'아는 맛' 더하기 '아는 맛'은? 꿀맛!** 151

Revolution 2 **메뉴는 익숙하게, 레시피는 신선하게** 158

'NEW' 스토리 코드 6 168

7장 설명하지 마라, 세 줄 요약도 길다

Issue **우리는 단체로 집중력을 도둑맞았다** 173

Revolution 1 **단 한 줄로 시선과 마음을 빼앗아라** 177

Revolution 2 **한 줄도 길다, 단 한 장면으로 승부를 보자** 188

'NEW' 스토리 코드 7 198

8장 리얼하지 마라, 리얼하다고 믿게 하라

Issue **'주작'인지 아닌지 눈을 부릅뜨고 지켜보는 세대** 203

Revolution 1 **캐릭터로 콩깍지 씌우기** 209

Revolution 2 **디테일이 리얼을 만든다** 217

Revolution 3 **'찐'으로 놀 수 있는 판을 깔아주자** 225

'NEW' 스토리 코드 8 232

9장 평화롭지 마라, 싸움 구경이 제일 재미있는 법이다

Issue **아름답고도 위험한 무기, '싸움'에 대하여** 237

Revolution 1 **싸움에도 '명분'이 필요하다 아입니까** 242

Revolution 2 **참을 수 없는 '참견'의 장을 만들자** 253

'NEW' 스토리 코드 9 258

에필로그 **새로운 스토리 패러다임과 마주한 당신을 위하여** 260

부록 **지금 현직자들이 찾아보는 참고 사이트들** 265

기승전결을 버려라,

우리의 인내심은 바닥이다

짧고 굵은
숏폼 시대의 탄생

숏폼 콘텐츠가 대세가 된 시대, 길고 지루한 콘텐츠를 견디기에 우리의 인내심은 이미 바닥났다. '기승전결'이라는 전통적인 스토리텔링은 더 이상 정답이 아니다. '기'와 '승'을 거쳐 '전' 그리고 '결'로 느릿느릿 가다 보면 어느새 우리 곁엔 아무도 없을 것이다. 이 시대는 빠르고 즉각적인 스토리텔링을 원한다.

웹소설계에서 '회·빙·환'이 대세가 된 이유

꽤 오랜 시간 동안 웹소설계를 지배하고 있는 트렌드는 '회·빙·환'이다. '회·빙·환'은 각각 회귀, 빙의, 환생을 뜻한다. '회·빙·환' 소설에서 주인공은 현재에서 과거로 회귀하거나, 다른 인물에게 빙의하거나, 다른 인물로 환생한다.

일부 예외를 제외하면 대다수 작품의 공통점은 주인공이 기존의 기억과 지식을 가지고 회귀, 빙의, 환생한다는 점이다. 이 덕분에 주인공은 수련이나 노력 없이도 역경을 헤쳐나간다.

주인공이 노력으로 능력치를 향상시켜 시련에 맞서는 기존의 전개 방식에 익숙한 사람들에게 '회·빙·환'은 좀 당황스러운 설정이다. 소설에는 위기를 극복하기 위한 빌드업이 있어야 하는데, '회·빙·환'에서는 빌드업이 불필요하기 때문이다.

'회·빙·환'의 인기는 기승전결이라는 공식이 더 이상 통하지 않는다는 사실을 증명한다. **클라이맥스를 향해 천천히 서사를 쌓아가는 빌드업은 지루하고 불필요한 요소가 되었다. '기'에서 '승'을 거쳐 '전'으로 나아갈 때까지 사람들은 기다려주지 않기 때문에, 지루한 앞부분을 생략할 수 있는 '회·빙·환'이 대세가 될 수밖에 없었다.**

JTBC 드라마로도 제작된 웹소설 〈재벌집 막내아들〉이 '회·빙·환'의 대표적인 예시다. 1987년 순양그룹의 막내아들 진도준으로 환생한 주인공 윤현우는 IMF가 언제 올지, 어떤 기업이 성장할지 등 과거의 기억과 지식을 바탕으로 자신의 존재감을 드러내 순양그룹의 총수 자리를 차지한다 (각색된 드라마의 결말은 다르다). 미래에 일어날 일을 미리 알고 있는 윤현우는 자신의 기억과 지식을 바탕으로 역경을 극복해 나간다. 실력을 키우려는 별다른 노력을 하지 않고도 말이다.

©JHS BOOKS, JTBC

'회·빙·환'이 대표 잘풀 〈재벌집 막내아들〉

변화된 시대가 요구하는 새로운 스토리텔링

철학자 한병철은 저서 『서사의 위기』에서 "이야기를 위해서는 이완된 상태가 필요하다"라고 말한다. 하지만 수많은 정보를 지속적으로 공급하며 지루함을 허용하지 않는 현대사회에서 우리는 정신적 이완 상태에 도달할 수 없다. 가만히 있어도 즐길 거리가 쏟아지는 데 익숙해져 잠깐의 지루함도 견딜 수 없게 된 것이다.

훌륭한 결말이 기다리고 있더라도 초반 전개에서 매력이 떨어지면 사람들은 그 즉시 다른 즐길 거리로 갈아탄다. 이런 시대적 흐름에서 숏폼 콘텐츠의 인기는 당연하다. 재미있는 부분만 편집해 보여주는 1분 이하의 영상 콘텐츠는 새로운 주제와 화제를 끊임없이 제공하며 지루할 틈조차 없게 만든다.

반면 이야기를 팔아먹고 사는 크리에이터와 마케터는 이제껏 겪어본 적 없는 시련과 마주했다. **이제 이들은 지루함을 극도로 혐오하는 이 시대의 트렌드에 발맞춰 시작부터 사람들의 시선을 끌 수 있어야 하고, 이야기 내내 재미를 줄 수 있어야 한다.** 이런 상황에서는 앞서 말했듯 '기승전결'이라는 공식은 절대 해결책이 될 수 없다. 새로운 시대에 맞는 새로운 스토리텔링이 필요하다.

위기와 극복을
무한히 반복하라

스토리에서 '위기'와 '극복'은 가장 극적이고 재미있는 부분이다. 이 사실을 알고 있다면 간단한 방법으로 스토리를 재미있게 만들 수 있다. **스토리에서 부차적인 내용은 빼버리고 '위기'와 '극복'만을 반복하면 된다.** 이를 '위기-극복 구조'라고 부르도록 하자.

위기-극복 구조에서 사람들은 위기를 맞이한 주인공을 걱정하며 긴장한 상태로 바라본다. 그리고는 위기를 멋있게 극복하는 주인공의 모습에서 카타르시스를 느낀다. 이후 더 큰 위기가 또다시 찾아오고 주인공은 다시 한번 극복한다.

반복되는 위기와 극복에 사람들은 더욱 몰입하고, 그 사이에 지루함은 끼어들지 못한다. 위기와 극복이라는 가장 극적인 부분을 끊임없이 제공함으로써 사람들을 붙잡는 것이다.

〈피의 게임 1〉과 〈피의 게임 2〉의 결정적 차이

MBC와 웨이브가 공동 제작한 프로그램 〈피의 게임〉은 게임에 참가한 플레이어들이 외부와 단절된 공간에서 상금을 두고 치열한 경쟁을 펼치는 리얼리티 서바이벌이다.

동일한 포맷의 프로그램이지만 〈피의 게임 1〉과 〈피의 게임 2〉의 도입부는 다르다(〈피의 게임〉을 보지 못했어도 글을 이해하는 데에는 전혀 지장이 없지만, 앞으로 자주 나올 예정이므로 한번 봐도 나쁠 건 없다).

〈피의 게임 1〉에서는 서바이벌 출연자들이 한 명씩 차례로 입장해 어색한 인사를 나눈다. 마지막 출연자까지 입장하고 나서야 본격적으로 프로그램이 시작된다. 〈피지컬 100〉 〈데블스 플랜〉과 같은 서바이벌 프로그램과 〈하트시그널〉 〈환승연애〉 〈나는 SOLO〉 등 연애 프로그램에서 항상 볼 수 있는 익숙한 방식의 인트로다.

이 인트로가 '공식'이 된 이유는 시청자에게 출연자를 인식시키고 그들의 캐릭터를 보여주기에 좋은 방식이기 때문이다. 서바이벌 프로그램과 연애 프로그램에는 보통 연예인이 아닌 낯선 일반인이 출연한다. 게다가 등장하는 출연자수도 많다.

이런 프로그램이 성공하기 위한 첫 번째 관건은 바로 시청자에게 출연자들을 각인시키는 것이다. 〈피의 게임 1〉의

저자가 기획·연출에 참여한 〈피의 게임〉 시리즈

인트로 같은 연출은 출연자가 한 명씩 입장하기에 시청자가 출연자 한 사람 한 사람을 인지할 수 있다. 또한 출연자가 첫 만남 때 취하는 행동과 반응을 보며 그들의 캐릭터를 파악할 수 있다.

그러나 〈피의 게임 2〉를 기획할 때 우리는 한 명씩 차례대로 입장하는 익숙한 방식을 사용하지 않기로 했다. 식상하게 느껴져서이기도 했지만, 그보다 더 큰 이유가 있었다. 20~30분은 족히 소요되는 입장 부분을 시청자들이 참아주지 않으리라는 것을 알았기 때문이었다.

그래서 〈피의 게임 2〉는 출연자 열 명이 의자에 묶여 있는 장면으로 시작되었다. 그러고는 바로 문제를 보여주고 문제를 푼 사람만 자물쇠를 풀고 탈출할 수 있게 했다.

이전 시즌과는 다른 〈피의 게임 2〉의 오프닝 장면

즉 〈피의 게임 2〉는 아무런 빌드업 없이 바로 미션을 주고, 이를 해결하게 했다. 하나의 미션을 해결하면 다시 미션이 주어지고, 또다시 그 미션을 해결한다. 위기와 극복이 반복되는 구조인 것이다. 〈피의 게임 2〉는 이처럼 위기-극복 구조를 적극적으로 활용함으로써 높은 긴장감을 유지했다.

OTT는 유료 가입자를 늘리는 것이 핵심 목표다. 때문에 '신규 유료 가입 견인 지수'를 가장 중요한 성과 지표로 본다. 〈피의 게임 2〉는 4주 연속 웨이브의 신규 유료 가입 견인 지수 1위를 기록했다. 전작인 〈피의 게임 1〉의 두 배를 넘는 수치였다. 뿐만 아니라 〈피의 게임 2〉는 〈뿅뿅 지구오락실 2〉 〈하트시그널 4〉 등 쟁쟁한 프로그램이 포진한 때에 2주 연속 비드라마 화제성 지수 1위를 기록하며 인기를 입증하기도 했다.

〈이상한 변호사 우영우〉의 '고래 신'에
가슴 벅차는 이유

2022년에 방영된 드라마 〈이상한 변호사 우영우〉도 위기-극복 구조로 진행된다. 매회 풀기 어려운 사건이 자폐스펙트럼장애를 가진 주인공 우영우 변호사에게 주어지지만 그는 자신의 능력을 발휘해 멋지게 해결해 낸다. 다음 페이지의 도표처럼 말이다.

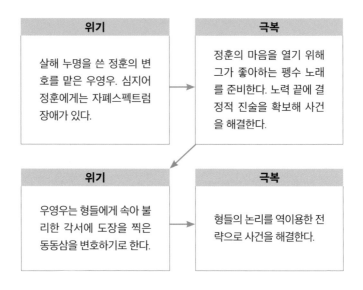

〈이상한 변호사 우영우〉의 위기-극복 구조

위기	극복
살해 누명을 쓴 정훈의 변호를 맡은 우영우. 심지어 정훈에게는 자폐스펙트럼 장애가 있다.	정훈의 마음을 열기 위해 그가 좋아하는 펭수 노래를 준비한다. 노력 끝에 결정적 진술을 확보해 사건을 해결한다.
위기	극복
우영우는 형들에게 속아 불리한 각서에 도장을 찍은 동동삼을 변호하기로 한다.	형들의 논리를 역이용한 전략으로 사건을 해결한다.

〈이상한 변호사 우영우〉는 위기-극복 구조로 이야기를 진행하며 시청자들의 몰입을 이끌어냈다. 우영우가 기막힌 아이디어를 떠올릴 때마다 그가 가장 좋아하는 동물인 고래가 상징처럼 등장했는데, 시청자들은 고래 신에 열광했다. 고래가 등장하는 순간 사건이 해결되리라는 사실을 알았기 때문이다.

고래 신을 향한 시청자들의 뜨거운 반응과 〈이상한 변호사 우영우〉의 흥행은 잘 짜인 위기-극복 구조가 얼마나 강력한 힘을 갖는지 보여주었다.

위기-극복 구조, 어디에든 써먹을 수 있다

위기-극복 구조의 효용은 콘텐츠 스토리텔링에만 한정되지 않는다. **스토리가 필요한 곳이라면 언제든 '위기-극복' 구조를 활용할 수 있다.** 간단하게 자기소개서를 예로 들어보자.

저는 제 강점인 리더십과 적극성을 발휘해 다섯 명의 동료와 책을 출판한 경험이 있습니다. 과정은 쉽지 않았습니다. 출판 경험이 없어 컨셉을 잡는 일부터 애를 먹었고, 작업이 지지부진하자 두 명의 동료가 중도 포기를 선언했습니다. 여섯 명 중 두 명이나 그만두자 나머지 동료들도 흔들리기 시작했습니다. 이때 저는 동료들에게 "책임지고 이 프로젝트를 끝까지 완수할 것"이라고 약속했고, 결원이 느껴지지 않도록 재빨리 새로운 동료를 영입했습니다. 프로젝트에 대한 믿음이 생기자 팀은 곧 안정되었고, 점차 작업 속도가 붙으며 6개월 만에 초고를 완성할 수 있었습니다.

출판사를 구하는 일도 만만치 않았습니다. 여기저기에 메일을 보냈지만 묵묵부답이었습니다. 하지만 좌절하기에 앞서 부딪쳐 보자는 생각에 여러 출판사에 적극적으로 전화를 돌렸습니다. 원고도 단순히 메일로만 전달하기보다는 직접 찾아가 보여주며 설명했습니다. 결국 한 출판사와 계약에 성공했고, 현재 1쇄가 모두 팔려 2쇄를 인쇄 중입니다.

분량만 줄였을 뿐 저자의 자소서와 거의 유사하다. 이 자소서에는 위기-극복 구조가 반복된다. 아래의 도표를 통해 한눈에 파악할 수 있다.

자기소개서 예시의 위기-극복 구조

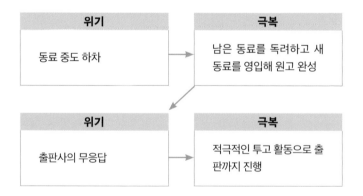

위기-극복 구조가 반복되며 지원자의 강점과 에피소드는 훨씬 매력적인 스토리로 거듭난다. 자기소개서는 하나의 예일 뿐이다. 준비하고 있는 PT든, 콘텐츠든, 마케팅이든 위기-극복 구조를 활용해 스토리를 재구성해 보길 바란다. 클라이언트, 구독자, 콘텐츠 소비자 등 당신의 스토리를 보는 이들의 몰입을 이끌어낼 수 있을 것이다.

체리피커에게는
체리를 먼저

　'체리피킹cherry picking'은 케이크는 먹지 않고 케이크 위에 올라간 체리만 빼 먹는 행동에서 나온 표현이다. 자신이 원하는 것만 쏙 취하는 것이다. 체리피킹을 하는 소비자를 '체리피커cherry picker'라고 한다.

　스토리를 소비하는 모든 사람은 사실 체리피커에 가깝다. 재미있는 것만 보려 하고 재미없는 것은 냉정하게 외면한다. **그렇기에 가장 재미있는 것, 가장 자신 있는 것을 가장 먼저 공개하는 일은 오늘날 스토리텔링에 꼭 필요한 전략이다.**

소비자의 인내심을 시험하던 케이팝 마케팅

케이팝 시장의 마케팅에도 기승전결이 존재해 왔다.

기: 매니지먼트에서 새로운 그룹을 선보이겠다고 발표하며 그룹의 이름을 공개한다.

승: 그룹의 컨셉을 엿보이는 이미지와 멤버들의 캐릭터를 보여주는 영상이 공개된다.

전: 그러고는 발매될 음원의 티저 영상을 하나씩 차례로 노출한다.

결: 대망의 앨범 발매와 함께 음원과 뮤직비디오가 공개된다.

보따리에 꽁꽁 싸맨 후 감질나게 하나씩 풀어내는 것이 케이팝 마케팅의 정석이었다. 아티스트의 앨범, 음원, 뮤직비디오는 스토리의 절정이자 결말이니, 철통 보안 속에 숨겨놓고 있다가 마지막에 '짜잔' 하고 보여줬다. 심지어 걸그룹 '이달의 소녀'는 매달 새로운 소녀를 공개한다는 컨셉으로 총 열두 명의 멤버를 약 2년 동안 순차적으로 공개했다.

가장 자신 있는 것을 가장 먼저 공개한 뉴진스

이런 '케이팝 아티스트 론칭의 정석'을 깨부순 그룹이 있다. 2022년 7월 그룹명과 멤버 전원 그리고 뮤직비디오를 한날한시에 전부 공개한 '뉴진스'였다.

뉴진스는 기승전결 스토리텔링에 반하는 마케팅을 시도했다. 구구절절한 설명으로 채운 마케팅 기사와 이미지, 티저로 빌드업해 터뜨리는 것이 아니라 데뷔곡인 〈Attention〉 뮤직비디오부터 공개해 대중을 설득하기로 한 것이다.

결과는 대성공이었다. 데뷔곡 〈Attention〉은 국내 주요 음원 사이트의 일간·주간·월간 차트 1위를 휩쓸었고, 데뷔 앨범은 발매 당일에만 약 26만 장이 판매되며 역대 걸그룹 데뷔 앨범 첫날 판매량 신기록을 세웠다.

뉴진스의 프로듀서인 민희진은 뮤직비디오를 최초 공개 콘텐츠로 택한 이유에 대해 이렇게 이야기했다. "'내가 대중이라면 뭘 재밌게 느낄까'를 우선 생각했고, 기대하고 있는 대중을 애태우고 싶지 않았다." **민희진은 대중이 가장 재미있어할 것, 즉 가장 자신 있는 것을 제일 먼저 공개했다.**

체리를 먹고 싶어 하는 사람에게 "케이크 먼저 먹으면 체리를 줄게"라는 유인은 통하지 않는다. 이들을 붙잡기 위해

©ADOR

케이팝 마케팅에 새로운 방향성을 제시한 뉴진스의 데뷔 앨범

서는 가장 재미있는 것, 가장 강력한 것을 제시해야 한다. 달
콤한 체리를 먹고 난 후면 케이크의 맛도 궁금해질 것이다.

1. **'기승전결'이라는 전통적인 스토리텔링은 더 이상 정답이 아니다. 지루함을 극도로 혐오하는 지금 시대에는 빠르고 즉각적인 스토리텔링이 필요하다.**

2. **스토리에서 가장 극적이고 재미있는 부분은 '위기'와 '극복'이다.**

   ✔ 스토리에서 부차적인 것들은 빼고 가장 재밌는 '위기'와 '극복'만을 반복하자. 반복되는 위기와 극복에 사람들의 몰입은 지속되고, 지루함은 끼어들 틈이 없다.

   ㉠ 위기와 극복을 반복하는 '위기-극복 구조'로 흥행에 성공한 서바이벌 예능 프로그램 〈피의 게임 2〉와 드라마 〈이상한 변호사 우영우〉

   ✔ 스토리가 필요한 곳이라면 자기소개서든, PT든, 마케팅이든 위기-극복 구조를 활용할 수 있다.

3. 스토리를 소비하는 모든 사람은 자신이 원하는 것만 쏙 빼 먹고
   싶어 하는 체리피커에 가깝다.

   ✓ 그렇기에 가장 재미있는 것, 제일 자신 있는 것을 가장
     먼저 공개해야 한다.

     ㉮ 대중이 가장 재미있어할 콘텐츠인 뮤직비디오를 제일 먼저
        공개한 '뉴진스'

2장

세련되지 마라,

딱 맞는 톤 앤 매너가 더 중요하다

촌스러워서 성공하는
스토리가 있다?

[형용사] 촌스럽다

세련됨이 없이 어수룩한 데가 있다.

사전적 정의에서 알 수 있듯이 '촌스럽다'는 말은 세련되지 못한 것에 대한 비판적인 의미를 내포하고 있다. 특히 패션이나 영상과 같이 비주얼과 트렌드가 중요한 업계에서는 고급스럽지 않다는 부정적인 의미로 많이 쓰였다. '세련미'가 곧 모두가 추구하는 목표였던 시절엔 말이다.

하지만 무조건 세련된 것만을 추구하던 시대는 끝났다.

이제 우리는 각자만의 아름다움을 추구한다. '얼마나 세련됐는지'가 아니라 '얼마나 어울리는지'가 더 중요하다.

고급스러운 비주얼과 세련된 스토리텔링은 이제 유일한 답이 아니다. 소비자들은 상황에 딱 맞고 톤 앤 매너를 잘 잡은 이야기에 더 환호한다. 심지어 그것이 촌스럽다 할지라도!

촌스러워서 먹히는 〈나는 SOLO〉 감성

〈나는 SOLO〉는 결혼이 간절한 싱글 남녀들이 사랑을 찾기 위해 고군분투하는 극사실주의 데이팅 프로그램이다. 매 기수 숱한 화제를 남기며 장기간 흥행 중인 이 프로그램은 대놓고 촌스러운 컨셉을 표방한다.

일단 출연자들의 이름부터 친근하다. 순자, 영숙, 광수, 상철 등 다소 올드하게 느껴지는 구수한 이름을 부여받은 이들이 자차를 몰고 나가 에어컨도 없는 근처 고깃집에서 데이트를 하는 모습은, 헬기를 타고 날아가 초호화 호텔 스위트룸에서 데이트를 하는 〈솔로지옥〉의 커플들과 매우 대비되는 현실적인 장면이다.

러브라인 구성 자체도 매우 저돌적이다. 〈하트시그널〉에서 두근두근 문자를 보내며 설레는 '썸'을 타는 동안, 솔로 나라의 당찬 출연자들은 "나랑 놀자"라며 소리쳐 고백하거나 "허파 디비지 말라"라고 말하며 마음을 직설적으로 표현한다. 이러한 〈나는 SOLO〉의 톤이 다소 직설적이고 촌스러워 보일 수 있다. 그러나 결과적으로 시청자들은 그 촌스러움에 열광하고 있다.

〈나는 SOLO〉가 각종 밈과 짤을 만들어내며 3년이 넘는 오랜 기간 동안 대중의 사랑을 받은 이유는, 진심으로 결혼 상대를 찾으러 나온 현실적인 출연자들의 모습을 포장하지 않고 그대로 보여준 '촌스러움'에 있다.

〈나는 SOLO〉라는 프로그램의 성격을 보여주는 역대 명장면 모음집

이번 장에서는 〈나는 SOLO〉처럼 스토리에 어울리는 톤 앤 매너를 찾는 방법을 알아보자.

예쁜 옷이 아니라
맞는 옷을 입자

비싸고 예쁜 옷이라고 해서 모든 사람에게 잘 어울리는 것은 아니다. 각자의 체형, 피부색, 헤어스타일은 물론이고 말투나 자세에 따라서 어울리는 옷이 달라지기도 한다. '퍼스널컬러' 열풍이 불었던 이유도 누구에게나 예쁜 옷을 찾는 것보다 나에게 잘 맞고 어울리는 옷을 찾는 게 더 중요하기 때문이었다.

스토리텔링 또한 마찬가지다. **세련되고 고급스러운 컨셉이 무조건 좋은 것은 아니다. 톤 앤 매너를 잘못 잡은 이야기는 핏이 맞지 않는 옷을 입은 사람과도 같다.**

그런데 이야기에 잘 맞는 옷을 입기 위해서는 어떻게 스타일링을 해야 할까?

이야기의 'TPO'에 맞는 스토리 스타일링

'TPO'는 패션 스타일링의 기본으로, 시간Time · 장소Place · 상황Occasion에 맞게 옷을 입어야 한다는 원칙을 가리킨다. 그런데 옷을 고를 때뿐만 아니라 **이야기를 스타일링할 때도 TPO가 필요하다.**

- 테마Theme
- 플랫폼Platform
- 소비자의 나이Old

이 세 가지 '스토리텔링 TPO'를 고려하여 어울리는 톤 앤 매너를 찾고 스토리를 스타일링해야 한다. 촌스러운 컨셉을 잘 밀어붙여 성공한 〈나는 SOLO〉처럼 말이다. 지금부터 그 방법을 알아보도록 하자.

베스트 드레서 〈나 혼자 산다〉

〈나 혼자 산다〉는 독신인 유명인들의 혼자 사는 일상과 취미 생활 등을 보여주는 관찰 예능으로 10년이 넘는 기간 동안 시청자들의 꾸준한 사랑을 받아왔다. 그 인기 비결은 명확하다. **바로 〈나 혼자 산다〉가 스토리텔링 TPO에 가장 어울리는 옷으로 시시각각 갈아입는 '베스트 드레서'이기 때문이다.**

〈나 혼자 산다〉의 TPO는 다음과 같다.

- 테마Theme: 공감과 동경
- 플랫폼Platform: TV 채널
- 소비자의 나이Old: 20~49세 청년층

〈나 혼자 산다〉는 매주 다양한 테마 아래 출연자들의 다채로운 독신 일상을 보여주는데, 그중에서도 TV 채널의 주력 시청자인 2049 청년층이 특히 좋아한 두 가지 테마가 있다. 바로 '공감'과 '동경'이다. 〈나 혼자 산다〉는 이 스토리텔링 테마에 맞춰 기가 막힌 순발력으로 옷을 갈아입는다. 첫 번째 옷은 공감 테마에 맞춘 '인간적이고 친근한 모습'이고, 두 번째 옷은 동경 테마에 맞춘 '고급스럽고 세련된 모습'이다.

첫 번째 테마인 공감을 이끌어내기 위해서 〈나 혼자 산다〉는 인간적이고 친근한 옷을 입는다. 기안84와 화사가 출연했을 때를 떠올려보면 이해하기 쉽다. 만화가 기안84는 걸레와 수건을 같이 넣고 세탁기를 돌릴 정도로 대충 사는 모습을 보여주었다. 아이돌인 화사는 대낮부터 혼자 곱창을 구워 먹으며 털털한 '먹방'을 펼쳤다.

밖에서는 각각 만화가와 아이돌로 열심히 일하며 성취를 거둔 그들이 집에 돌아와서는 우리와 다름없이 소탈하고 인간적인 일상을 보내는 모습을 보여주는 것이다. 이 모습이 익살스러운 편집, 패널들의 공감 멘트를 만나면 친근함은 더더욱 극대화된다. 시청자들은 공감의 웃음을 터트리며 '혼자 집에 있으면 다들 저러지' 하고 이입할 수밖에 없다.

반면 두 번째 테마 '동경'을 유발하기 위해서 〈나 혼자 산다〉가 선택한 옷은 고급스럽고 세련된 모습이다. 배우 다니엘 헤니는 집에서도 잡지 화보처럼 멋있고 세련된 일상을 보내고, '리치 언니' 박세리는 대저택에서 '플렉스'를 하는 하루를 보낸다.

그들의 멋진 일상을 극대화시키는 편집과 패널들의 감탄과 부러움의 리액션이 교차되면 시청자들은 대리만족을 느끼게 된다. 내 일상과는 꽤 거리가 있지만 그들처럼 되고

공감과 동경을 자극하여 큰 사랑을 받은 〈나 혼자 산다〉

싶다는 욕망이 생기며, 자연스레 '동경'이라는 감정에 빠져든다.

이처럼 상황에 따라 다양한 컨셉의 옷으로 갈아입으며 〈나 혼자 산다〉는 10년이 넘는 시간 동안 꾸준한 사랑을 받을 수 있었다. 테마에 따라 유연하고 영리하게 옷을 갈아입는 '스토리 스타일링'이 빛을 발한 것이다.

촌스러워서 매력적인 뉴트로 마케팅

'Y2K'가 문화계의 트렌드가 되었다. 1990년대 캠코더 감성을 재현한 뉴진스의 〈Ditto〉 뮤직비디오와 2000년대 히트곡 〈응급실〉을 재해석한 라이즈의 노래 〈Love 119〉는 케이팝의 판도를 바꿔놓았고, 패션계에서도 Y2K 스타일이 하나의 카테고리로 자리 잡았다.

소비자의 취향에 가장 예민한 마케팅 업계에서도 '뉴트로 컨셉'은 이미 스테디한 전략이 되었다. 삼성전자의 스마트폰 브랜드 '갤럭시' 역시 이러한 흐름을 좇았다. 글로벌 마케팅을 할 때는 감각적이고 세련된 컨셉으로 어필했지만, 국내 소비자들 상대로는 '추억 돋는' 뉴트로 마케팅을 펼친 것이다.

다음 페이지 상단의 이미지 중 오른쪽 사진은 국내에서 진행한 '갤럭시 Z플립 5 레트로'의 광고 사진이다. '갤럭시 Z플립 5 레트로' 마케팅의 TPO는 다음과 같다.

- 테마Theme: 추억 자극
- 플랫폼Platform: 팝업 스튜디오, 중고 거래 사이트
- 소비자의 나이Old: 30~50대

©SAMSUNG

'갤럭시 Z플립 5'의 글로벌 광고(왼쪽) vs.
'갤럭시 Z플립 5 레트로' 국내 광고(오른쪽)

'갤럭시 Z플립 5 레트로'는 추억의 삼성 폴더폰 '벤츠폰'
을 오마주하여 만든 Z플립 시리즈의 한정판이다. 삼성전자
는 이 제품을 홍보하면서 옛 추억을 자극하는 다양한 뉴트
로 이벤트를 펼쳤다.

우선 서울 성수동에 벤츠폰이 불시착한 컨셉으로 팝업
스튜디오를 열었다. 추억에 젖어 팝업 스튜디오를 방문한
소비자들은 벤츠폰의 컬러를 그대로 입힌 신제품에 자연스
레 관심을 가졌다. 삼성전자의 역대 로고들도 곳곳에 전시
됐는데, 이런 로고들 역시 향수를 자극하는 장치였다.

또한 '번개장터'와 협업하여 그 당시 벤츠폰을 아직 가지
고 있는 소비자들을 초대하여 중고 거래 이벤트를 열기도

벤츠폰의 추억을 자극하는 성수동 팝업 스튜디오와
번개장터 중고 거래 이벤트

했다. 이 이벤트는 어린 시절 폴더폰을 썼던 3050 소비자들의 향수를 건드려 큰 호응을 얻었고, '갤럭시 Z플립 5 레트로'에 대한 호감도를 상승시켰다.

갤럭시는 주로 세련되고 시크한 컨셉의 광고를 선보여왔다. 하지만 '갤럭시 Z플립 5 레트로'는 추억 자극을 테마로 설정하며 벤츠폰을 기억하는 '국내 시장의 3050 소비자'를 주요 타깃으로 잡았다. 그리고 이에 어울리는 팝업 스튜디오와 중고 거래 이벤트라는 적절한 옷을 입어 많은 화제를 불러일으켰다.

만약 스토리텔링 TPO를 고려하지 않고 기존 마케팅과 동일한 컨셉으로 진행했다면 이런 성과를 얻지 못했을 것이다. **즉 삼성전자가 성공적인 마케팅 효과를 낼 수 있었던 것도 〈나 혼자 산다〉와 마찬가지로 스토리텔링 TPO에 맞는 적절한 옷으로 갈아입었기 때문이다.**

유치함으로
문턱을 낮춰라

'노 키즈 존'은 어린이의 출입을 금지하는 정책이나 구역을 의미한다. 성인 고객이 조용하고 쾌적하게 카페나 식당을 이용할 수 있도록 어린이 고객의 출입을 막은 것이다.

요식업계뿐만 아니라 스토리텔링에도 한때 이와 같은 '노 키즈 존' 트렌드가 있었다. 〈오징어 게임〉〈킹덤〉 등을 필두로 OTT 플랫폼의 19금 장르물 콘텐츠가 연이어 성공하면서 TV 채널과 같은 기성 플랫폼에서도 더 어둡고, 더 무겁고, 더 복잡한 이야기들이 쏟아졌다.

하지만 앞서 말했듯 **모든 TPO에 '노 키즈 존' 전략이 들어**

맞는 것은 아니다. 유치한 스토리텔링으로 문턱을 확 낮춰 더욱 많은 이를 이야기 속으로 끌어들여야 할 때도 있다.

초딩 입맛 어른들을 저격하라

'유치하다'는 말은 보통 어리고 미숙하다는 부정적인 의미로 많이 쓰인다. 하지만 유치한 스토리텔링은 때에 따라 큰 효과를 낸다. 이야기가 단순한 흐름 속에서 전개되어 쉽게 이해할 수 있고, 따라서 누구나 부담 없이 접근하고 즐길 수 있기 때문이다. 진입 장벽이 낮으니 다양한 유형의 대중이 유입될 수 있는 것이다.

한때 JTBC는 〈스카이 캐슬〉〈부부의 세계〉〈미스티〉 등 어른 취향의 '매운맛' 드라마를 연이어 성공시키면서 드라마 왕국으로 불렸다. 당시 JTBC 드라마의 주류는 성공과 욕망, 불륜과 살인 등 자극적인 소재를 세련되고 고급스럽게 포장하여 선보인 성인용 작품이었다.

매운맛 드라마의 성공에 탄력을 받은 JTBC는 이후 한 걸음 더 깊이 들어갔다. 인물 간의 복잡한 심리를 파고드는 치정 멜로나 인간 내면의 상처와 고통을 들여다보는 철학적이고 무직한 작품들을 내놓았다. 그러나 작품성에 대한 높은 평가와 A급 배우들의 호연에도 불구하고 시청자들에게는 외면받았다. 이러한 작품들에 대한 시청자들의 의견은 심플했다.

ㄴ 이야기가 복잡하고 어렵다.
ㄴ 분위기가 어둡고 주제가 무겁다.

연이은 흥행 실패에 자극을 받은 JTBC는 '19금 매운맛' 대신 '유치한 초딩 입맛'으로 시청자들을 공략하는 노선을 바꾸기에 이른다. 이 노선의 방향성은 명확했다.

"유쾌하고 쉽게!"

유쾌한 코드와 쉬운 전개의 힘

의대를 졸업한 20년 차 가정주부의 레지던트 성장기를 담은 〈닥터 차정숙〉, 특급 호텔 재벌 3세와 해맑은 신입 호텔리어의 로맨스를 그린 〈킹더랜드〉. JTBC에서 연속으로 방영된 두 작품은 각각 18.5%, 13.8%의 높은 시청률을 기록

©JTBC

익숙한 소재를 유쾌하고 쉽게 풀어내
높은 시청률을 기록한 〈닥터 차정숙〉과 〈킹더랜드〉

하면서 한동안 침체기에 빠져 있던 JTBC 드라마의 자존심을 다시 세워주었다.

두 작품의 공통점은 한 줄 설명만으로 결말까지 예측할 수 있을 정도로 전형적인 줄거리를 가지고 있다는 것이다. 두 작품 모두 복잡한 반전을 만들어내기보다는 익숙한 요소들을 유쾌하게 이어가는 방식으로 이야기가 진행된다.

〈닥터 차정숙〉은 의학 드라마와 막장 드라마에서 흔히 볼 수 있는 요소들을 총동원했다. '늦깎이 워킹맘 의사의 성장기'라는 익숙한 이야기를 코믹하게 끌고 가면서, 이야기 곳곳에 불륜과 불치병이라는 흥행 보증 요소들을 섞어 잘 버무렸다.

〈킹더랜드〉는 까칠한 재벌 3세와 밝고 해맑은 여직원의 연애담이 메인 플롯인데, 로맨틱 코미디의 전형적인 신데렐라 스토리를 따라간다.

이 두 드라마에는 뒤통수를 후려치는 치밀한 반전이나 긴 호흡으로 몰입하고 분석해야 하는 복잡한 함의가 없다. 단지 익숙하고 쉬운 이야기를 유쾌하게 잘 엮어놓았을 뿐이다.

일각에서는 이러한 예측 가능한 가벼움을 단점으로 지적하기도 했지만, 결과적으로 이 가벼움은 두 작품의 가장 큰 성공 요인이 되었다. **유쾌한 코드와 쉬운 전개는 큰 고민 없이, 깊은 생각 없이 이야기를 따라가도록 하는 든든한 길잡이 역할을 해준다.** 그래서 우리는 이야기를 좇아가기 위해 큰 노력을 들이지 않아도 된다.

이처럼 문턱이 낮으면 시청자들의 중간 유입에도 도움이 된다. 설거지를 하던 50대 어머님은 차정숙(엄정화 분)의 워킹맘 이야기에 금세 빠져들었고, 스마트폰을 두드리던 20대 딸은 천사랑(윤아 분)의 신데렐라 스토리에 쉽게 몰입했다.

주말 밤 소파에 앉아 TV를 보는 시청자들이 원했던 것은 이처럼 쉽고 유쾌한 이야기였다.

'이지 챌린지'의 시대

지금은 우리에게 너무 익숙한 SNS 챌린지의 시초는 바로 지코의 〈아무 노래〉 챌린지였다. 귀에 박히는 반복적 비트가 인상적인 곡 〈아무 노래〉에 맞춰 힙한 춤을 따라 추는 이 챌린지는 그야말로 전 국민적인 유행이 되었다.

가수 지코와 화사가 함께 촬영해 틱톡에 업로드한 〈아무 노래〉 챌린지

당시 틱톡에 〈아무 노래〉 챌린지 영상은 130만 건 이상 업로드되었으며, 조회 수는 4억 뷰를 넘겼다. 이후 가수들은 컴백을 할 때마다 춤을 따라 하기 좋은 챌린지 구간을 만들어 홍보하기 시작했다.

그러나 요즘 인기 있는 챌린지를 살펴보면 챌린지 열풍의 방향이 바뀌고 있음을 알 수 있다. 힙한 노래와 안무로 구성된 케이팝 챌린지보다는 웃기고 '오글거리는' 코믹 감

싱의 쉬운 챌린지들이 더욱 화제가 되고 있다. 케이팝 시장에 불었던 '이지 리스닝easy listening' 열풍을 잇는 SNS 시장의 '이지 챌린지easy challenge' 열풍인 것이다.

큰 인기를 끌었던 챌린지로 꼽히는 〈잘 자요 아가씨〉 챌린지, 〈마라탕후루〉 챌린지의 가사만 살펴봐도 요즘엔 어떤 컨셉이 먹히는지 파악할 수 있다.

- 〈잘 자요 아가씨〉 챌린지: "야레야레 못 말리는 아가씨"
- 〈마라탕후루〉 챌린지: "그럼 제가 선배 맘에 탕탕 후루후루 탕탕탕 후루루루"

크리에이터 '다나카'와 '닛몰캐쉬'의 〈잘 자요 아가씨〉 챌린지

크리에이터 '서이브'의 〈마라탕후루〉 챌린지

성인이 따라 부르기 민망할 정도로 유치한 가사의 챌린지이지만 10대 청소년뿐만 아니라 20~30대 성인까지 열광했다. 이토록 '유치한' 챌린지들이 계속해서 사랑받는 이유는 무엇일까? 바로 문턱이 매우 낮기 때문이다. 이 챌린지

들의 노래 속 이야기, 즉 서사는 쉬운 춤동작만큼이나 단순하다.

- 〈잘 자요 아가씨〉 챌린지: 아가씨를 재우려고 자장가를 불러주는 느끼한 집사
- 〈마라탕후루〉 챌린지: 선배에게 마라탕과 탕후루를 사 달라는 후배

별다른 설명 없이도 바로 와닿는 일차원적인 서사다. 가사도 매우 단순하고 반복적이며, 춤도 누구나 따라 할 수 있는 율동 수준이다.

가사와 춤이 유치하다는 것은 접근성이 좋다는 뜻이다. 숏폼 챌린지의 가장 큰 목표는 더 많은 사람을 참여시키는 것이므로 이러한 유치함은 도움이 된다. 누구나 큰 부담 없이 따라 해볼 수 있기 때문이다. 유치한 스토리텔링이 사람들로 하여금 쉽게 도전하도록, 즉 '이지 챌린지'하도록 만드는 것이다.

JTBC의 흥행 드라마들과 '이지 챌린지'의 사례를 통해서 다양한 타깃을 노려야 하는 이야기에서는 '유치함'이 잘 먹힌다는 사실을 알 수 있었다. **남녀노소 모두 즐길 수 있는 이야**

기가 필요할 때는 유치한 서사로 이야기의 문턱을 낮추는 것이 정답이다. 그러니 부끄러워 말고 한껏 유치해집시탕탕! 후루! 후루!

1. **촌스러워도, 유치해도 뜬다. 무조건 세련된 이야기보다는 톤 앤 매너에 딱 맞는 이야기가 더 매력적이다.**

    ㉠ 촌스러운 컨셉으로 큰 사랑을 받은 〈나는 SOLO〉

2. **예쁜 옷이 아니라 맞는 옷을 찾아야 한다.**

    ✓ '스토리텔링 TPO'에 맞게 이야기를 스타일링하자.

    스토리텔링 TPO는 테마(Theme), 플랫폼(Platform),

    소비자의 나이(Old)로 구성된다.

    ㉠ 테마에 따라 다양한 옷으로 갈아입는 〈나 혼자 산다〉

    ㉠ 플랫폼과 소비자의 나이에 맞춰 색다른 옷으로 갈아입은

    삼성전자 '갤럭시 Z플립 5 레트로'의 마케팅

3. 고급스럽고 세련된 것만이 답은 아니다. 대중에게 다가가고
   싶다면 문턱을 낮춰야 한다.

   ✔ 남녀노소 즐길 수 있는 유치한 스토리텔링으로 대중의
      접근성을 높이자.

      ⓔ JTBC 드라마를 부활시킨 유쾌하고 쉬운 이야기 〈닥터
      차정숙〉과 〈킹더랜드〉

      ⓔ 유치한 가사일수록 흥행하는 숏폼 챌린지 〈잘 자요 아가씨〉
      챌린지, 〈마라탕후루〉 챌린지

3장

속도감을 버려라,

고생 끝에 과몰입이 온다

공감을 얻으려는 자,
'빌드업'을 하라

1장에서는 인내심 없는 요즘 사람들을 위해서 결론부터 냅다 끌어오는 빠르고 즉각적인 스토리텔링을 살펴보았다. **하지만 모든 이야기에 항상 속도감이 필요한 것은 아니다. 오랜 시간 쌓고 쌓은 '빌드업'이 과몰입 상태를 유발하여 폭발적인 공감대로 이어지는 경우도 분명 있다.**

이번 장에서는 동화 『토끼와 거북이』 속 거북이처럼 느릿느릿 성실하게 서사를 쌓아 올려 '과몰입 유발'과 '공감대 형성'이라는 결승점에 성공적으로 도착한 이야기들에 대해 알아보도록 하자

구 남친 서사가 길수록 환승은 더 짜릿한 법

2379분.

40시간 가까이 되는 이 러닝타임의 주인공은 대하사극이나 주말연속극이 아니다. 가장 성공한 연애 프로그램으로 평가받는 〈환승연애 2〉의 총 러닝타임이다. 전체 회차만 해도 20회인 데다가 세 시간이 넘는 회차도 있어 이처럼 어마어마한 러닝타임이 기록되었다.

〈환승연애〉는 헤어진 남녀 커플들이 서로의 관계를 숨긴 채 함께 지내며 짝을 찾는 연애 프로그램이다. 출연자는 최종적으로 전 연인을 선택할 수도, 새로운 연인을 선택할 수도 있다. 〈환승연애〉 출연 전부터 이어져 온 전 연인과의 서사가 전반부라고 본다면, 새로운 이성과의 환승 서사가 〈환승연애〉의 후반부이자 하이라이트라고 볼 수 있다.

만약 〈환승연애〉 시청자들의 이탈 방지를 위해 한 회 안에 무조건 위기와 절정을 집어넣는 요즘 트렌드를 따랐다면 '도파민 터지는' 후반부 환승 서사를 최대한 빠르게 앞으로 끌어와서 보여줘야 했다. 하지만 〈환승연애 2〉는 정반대 전략을 취했다. 〈환승연애 2〉의 실질적인 여자 주인공이었던 '해은'의 감정선을 총 20회 중 14회까지 성실하게 보여주며

시청자들의 과몰입을 이끌어낸 연애 예능 〈환승연애 2〉

빌드업을 했다. 구 남친인 '규민'에게 여전히 마음이 있었던 해은은 자신을 밀어내는 규민 때문에 많은 눈물을 쏟으며 14회 내내 힘들어했다. 그리고 15회가 되어서야 비로소 해은에게 호감을 보이는 새로운 남자 출연자 '현규'가 등장했다. 외모도 성격도 완벽한데 해은에게만 직진하는 연하남의 등장으로 환승 서사의 하이라이트가 시작되었다.

결론적으로 이러한 빌드업 전략은 대성공이었다. 14회까지 해은의 감정에 공감하며 그를 응원하던 시청자들은 현규의 등장에 환호했다. "내일 봬요, 누나"라는 명대사와 함께 화제성은 최고점을 찍었다. 초반에 '루즈하다'는 이유로 중도 이탈했던 사람들뿐만 아니라 아예 시청하지도 않았던 사람들까지 뒤늦게 정주행을 시작했다.

14회까지 1300분이 넘는 시간 동안 해은의 과거 연애사에 공감하며 그에게 과몰입하는 시간이 있었기 때문에 막판에 등장한 현규와의 로맨스에 더욱 열광하게 된 것이다.

시청자의 과몰입은 수치로 증명되었다. 〈환승연애 2〉는 역대 티빙 오리지널 콘텐츠 누적 유료 가입 기여자 수 1위에 등극하며 시즌 1의 기록을 뛰어넘었다. 또한 시즌이 끝나는 시점까지 매주 이 기록을 경신하며 놀라운 뒷심을 보여주기도 했다.

빌드업 위에서 터지는 과몰입

트렌드 전문가 김난도 교수는 한 분야에 깊이 파고드는

과몰입 행위를 '디깅digging'이라고 명명하며, 과몰입한 사람들, 즉 '디깅러digginger'들의 '입소문 힘viral power'이 강해지면서 그들의 마케팅적 역할이 중요해지는 추세라고 말한다. **과몰입을 어떻게 이끌어낼까? 이때 필요한 것이 바로 '초반 빌드업'이다.**

그러나 이야기 초반부에 오래 빌드업을 한다고 해서 무조건 몰입도가 높아지는 것은 아니다. 오히려 지루해지기 십상이다. **우리에게 필요한 건 서서히 공감하면서 과몰입하게 되는, 느리지만 매력적인 빌드업이다.** 빠르게 흘러가는 분초시대에 사람들이 끈기를 가지고 다음 이야기를 기다리며 몰입하게 만드는 서사 빌드업은 과연 어떻게 쌓을 수 있는 것일까?

'내적 친밀감'을
쌓아라

리얼리티 프로그램 속 출연자를 오랜 시간 지켜보다 보면 문득 그들이 내가 원래 아는 사람처럼 느껴지는 순간이 찾아온다. 그들의 감정에 서서히 이입하면서 친구의 새로운 소식을 전하듯이 그들에 대한 이런저런 이야기를 주변 사람들과 나누게 된다. **이처럼 우리가 실제로 사회적 관계를 맺지 않은 사람에게 마음속으로 느끼는 친밀감을 '내적 친밀감'이라고 한다.**

'사사로운 현실'에서 느끼는 내적 친밀감

〈환승연애 2〉의 사례에서 알 수 있듯 **초반 빌드업을 지나 이야기 속 인물에게 내적 친밀감이 생기면 금세 과몰입 상태에 빠지게 된다.** 해은에게 내적 친밀감을 느낀 '환친자('환승연애에 미친 자'의 줄임말)'들이 후반부 현규와의 서사에 열광했듯이 말이다.

이는 반대로 내적 친밀감 없이 기나긴 빌드업을 마주하면 금세 지루함을 느끼고 중도에 이탈해 버릴 수도 있다는 것을 의미한다. 몰입을 끌어내는 좋은 빌드업인지 지루하기만 한 나쁜 빌드업인지는 바로 '내적 친밀감'이 결정짓는다.

내적 친밀감을 만들기 위해서는 인물들의 '사사로운 현실'을 성실하고 뚝심 있게 보여줘야 한다. 우리 주변에 있을 법한 사람 냄새 나는 일상적인 스토리텔링이 깔려 있어야 인물에 공감하고 친근함을 느낄 수 있다. '사사로운 현실'을 어떻게 녹여내 내적 친밀감과 과몰입을 유도하는지 유튜브 채널 '민음사 TV'의 사례를 통해 알아보도록 하자.

내가 아는 직장인 얘기 해줄게

　드라마나 영화와 같은 콘텐츠뿐만 아니라 **브랜딩과 마케팅에서도 인물에 대한 내적 친밀감과 과몰입은 큰 효과를 불러온다. 충성도 높은 브랜드 팬들을 자연스럽게 확보할 수 있기 때문이다. 궁극적으로는 상품의 소비로까지 이어진다.**

　출판사 민음사의 유튜브 채널 '민음사 TV'는 책 내용을 소개하는 뻔한 홍보 콘텐츠만 쏟아내지 않는다. 책을 만드는 사람들의 이야기에 초점을 맞춘다. 직원들 한 명 한 명에게 우리 주변에서 흔히 볼 법한 친근한 캐릭터를 부여하고, 현실 직장에서 벌어지는 소소한 일상들을 콘텐츠로 보여준다.

'출판사 5년 차 대리의 휴일 브이로그' 등 출판사 직원들의 회사 생활을 담은 유튜브 채널 '민음사 TV'

　구독자들은 민음사 직원들의 현실 밀착형 이야기들을 접하면서 점점 그들에게 스며든다. 고인물 마케터 '아란 부장', 해외문학팀 '혜진 차장', 한국문학팀 '화진 과장', 신입사원 '다은 마케터' 등 인물들의 이야기는 더 이상 잘 모르는 남의 회사 직원이 아닌 '내가 아는 사람'의 이야기처럼 느껴진다. 결국 내적 친밀감이 생기면서 그들이 직장인으로서 느끼는 고충이나 고민에 과몰입하게 된다.

이러한 콘텐츠들이 책 판매라는 기업의 목표와 무슨 상관이 있나 싶을 것이다. 전통적인 광고에서 직접적으로 알려야 할 내용은 상품의 강점이기 때문에 '민음사 TV'의 회사생활 콘텐츠는 다소 느리고 비효율적인 마케팅처럼 보일 수 있다.

그러나 결과적으로 '민음사 TV'는 민음사라는 브랜드에 대한 친근하고 긍정적인 이미지를 만들어냈고, 일회성 책 광고보다 훨씬 더 장기적이고 파급력이 큰 브랜딩 효과를 볼 수 있었다. '민음북클럽'이나 '민음사 패밀리데이'와 같은 멤버십 마케팅이 꾸준히 큰 인기를 얻고 있다는 사실이 이를 입증한다.

오르락내리락
롤러코스터에 태우기

후반부 클라이맥스라는 종착점에 도달하기까지 빌드업이라는 기나긴 터널을 꼭 지나가야 하는 이야기들이 있다. 하지만 사람들은 그 긴 터널을 '그냥' 참아주지 않는다. 조금만 지루해도 달리는 기차에서 뛰어내리는 게 요즘 사람들의 인내심이다.

그래서 우리는 빌드업이라는 긴 터널을 무채색 벽으로 둘러싸인 평탄한 직선 도로가 아니라 오르락내리락 풍경이 바뀌는 롤러코스터 레일로 만들어야 한다. **종착점까지 가는 길이 예측할 수 없는 과정의 연속이라면 빌드업이라는 기나긴**

여정도 즐거울 것이다.

결말은 스포 YES, 과정은 예측 NO!

"1979년 12월 12일, 신군부가 군사 반란에 성공하고 군권을 장악하게 된다."

〈서울의 봄〉은 역사적 사건을 다루고 있기 때문에 개봉 전부터 전 국민에게 결말이 유출된 영화다. 태생적인 스포일러는 흥행에 치명적인 요소로 작용할 수 있다. 결말을 알고 있으면 당연하게도 궁금증과 기대감이 낮아지기 때문이다. 그럼에도 〈서울의 봄〉이 1300만 명이 넘는 관객의 선택을 받을 수 있었던 이유는 결말로 향하는 예측 불가능한 과정이 있어서였다.

〈서울의 봄〉의 김성수 감독은 한 인터뷰에서 "과정을 재미있게 디자인하는 게 중요하다. 12·12 쿠데타는 단 하룻밤 사이 너무 많은 일이 있었기에 그것만 충실히 풀어도 승산이 있을 것 같았다"라고 말했다.

그날 밤 전두광(황정민 분)이 쿠데타를 일으켜 국가를 집어삼킨다는 것은 모두가 알고 있는 결말이다. 하지만 그가

누구나 아는 결말이지만
과정을 다이내믹하게 그린 영화 〈서울의 봄〉

사전에 어떤 계략을 짜고 작전을 세웠는지, 어떤 사람들이
그에게 맞섰고 어떻게 패배하게 되었는지 등 디테일한 과정
들은 알지 못했던 부분이다. 이태신(정우성 분)과 전두광으로
대변되는 선악 구도를 기반으로 **영화는 시작부터 결말까지 달**
리는 내내 엎치락뒤치락하며, 감독의 말대로 관객들에게 '예측
불가능한 과정의 재미'를 보여주었다.

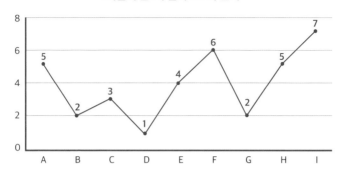

〈서울의 봄〉의 롤러코스터 전개

A: 전두광, 육군참모총장 납치 (5)

B: 이태신, 전두광 체포 지시 (2)

C: 전두광, 9사단과 2공수 출동 지시 (3)

D: 이태신, 행주대교에서 맨몸으로 2공수 막아서며 2공수의 통과 저지 (1)

E: 전두광, 2공수여단장 겁박해 2공수가 다시 서울로 진격할 것을 지시 (4)

F: 전두광, 육군본부 및 국방부 장악하고 국방장관 신병 확보 (6)

G: 이태신, 반란군 향해 포격 명령 (2)

H: 전두광에게 붙잡힌 국방장관의 사격 중지 명령 (5)

I: 전두광, 쿠데타 성공 (7)

앞 페이지의 그래프는 〈서울의 봄〉의 전개를 전두광이 주도할 때는 높은 숫자로, 이태신이 주도할 때는 낮은 숫자로 표현한 것이다. 그래프에서 볼 수 있듯 한 치 앞도 예측할 수 없는 롤러코스터에 올라탔기 때문에 전반부의 다소 긴 배경 설명도 전혀 문제가 되지 않았다. 본격적으로 반란이 시작되기 전 빌드업이 한 시간 넘게 이어져도 그 빌드업 자체가 흥미로웠기 때문에 관객들은 기꺼이 클라이맥스까지 기다려주었다. 아니, 긴 빌드업은 오히려 클라이맥스에서 터질 감정을 더욱 극대화시키는 장치가 되었다.

영화를 보고 나온 관객들은 분을 삭이지 못하고 '심박수 인증'까지 했다. 영화 속 분노 유발 장면들에서 스마트워치로 심박수를 측정하여 SNS에 업로드해 인증하는 것인데, 이것이 '심박수 챌린지'가 되어 유행으로 번질 정도였다.

〈서울의 봄〉이 심박수가 치솟는 후유증을 남기며 '혈압의 봄'이라고까지 불렸던 이유는 단순히 화가 나는 결말 때문만이 아니다. 엔딩까지 가는 예측 불가능한 과정 속에서 나도 모르게 과몰입하며 쌓아온 분노가 폭발했기 때문인 것이다.

박연진과 전재준의 예측 불가 빌런 레이스

넷플릭스 시리즈 〈더 글로리〉 또한 예측 불가능한 과정의 재미를 극대화한 작품이다. 복수극의 핵심은 당연하게도 '복수'다. 그래서 보통의 막장 복수극에서는 고구마 전개를 최소화하고 사이다 복수로 빠르게 넘어가는 방식을 택한다.

총 16회로 구성된 이 드라마의 8회 분량인 파트 1에서 피해자 문동은(송혜교 분)은 8회 내내 본격적인 복수의 시동을 걸 뿐이다. 가해자들에게 직접적인 복수를 하는 내용까지는 보여주지 않는다. 그럼에도 〈더 글로리〉 파트 1은 공개 직후 전 세계적으로 폭발적인 사랑을 받았다.

전 세계 시청자들이 '복수 없는 복수극' 〈더 글로리〉 파트 1에 열광했던 가장 큰 이유는 복수까지의 과정을 가득 채우는 입체적인 캐릭터들 때문이었다. 그들의 예측할 수 없는 대사와 행동들이 관심을 사로잡았다. 특히 빌런 전재준(박성훈 분)과 박연진(임지연 분)은 위기 상황에서도 의외의 멘트와 행동들로 재미를 준다.

전재준은 박연진의 딸이 사실은 자신의 자식이었음을 알게 된 후 "어쩐지 애가 존나 예쁘다 했어"라는 상식 밖의 대사를 뱉고, 학부모 참관 수업에 참석하여 박연진이 남편과

코너에 몰려도 당황하지 않고 찰진 멘트를 내뱉는 두 빌런 캐릭터

신경전을 벌이는 기행을 펼친다.

박연진은 남편에게 본인의 추악한 과거를 들키게 된 순간에도 "열지 말아야 할 상자는 열지 말라고"라며 뻔뻔하게 응수해 시청자들의 예측을 또 비껴간다.

이처럼 예상치 못한 타이밍에 천박하고 찰진 명대사들이 쏟아지고, 가해자 5인방끼리도 쉴 틈 없이 적과 동지가 뒤바뀌기 때문에 문동은의 복수가 본격적으로 진행되지 않아도 충분히 몰입하여 초반부를 즐길 수 있다.

〈서울의 봄〉이 예측 불가능한 대결 구도와 극적 서사로 관객들을 롤러코스터에 태웠다면, 〈더 글로리〉는 종잡을 수 없는 빌런들의 예측 불가능한 대사와 행동으로 시청자들을 매료시켰다. 파트 1의 '꿀잼 빌드업'이 있었기에 파트 2에서 공개된 복수 엔딩까지도 전 세계 시청자들의 사랑을 받은 〈더 글로리〉는 4주 동안 넷플릭스 글로벌 1위를 차지하는 영광스러운 결과를 얻게 되었다.

1. **빠른 게 무조건 좋은 건 아니다. 성실하게 빌드업을 한 서사는 과몰입을 유발하고 공감대를 형성한다.**

    ⓔ 과몰입 환승 로맨스 〈환승연애 2〉

2. **내적 친밀감이 생기면 금세 과몰입을 이끌어낼 수 있다. 그러려면 인물에 공감하고 친근함을 느낄 수 있어야 한다.**

    ✓ 사람 냄새 나는 일상적인 스토리텔링, 즉 '사사로운 현실'을 보여주며 내적 친밀감을 유발할 수 있다.

    ⓔ 출판사 직원들의 현실감 넘치는 회사 생활을 보여준 '민음사 TV

3. 클라이맥스에 도달하기까지 빌드업이라는 긴 터널을 지나가야 하지만, 사람들은 그 지루함을 '그냥' 참아주지 않는다.

✔ 클라이맥스까지의 과정을 예측 불가능하게 만들어보자. 그래야 빌드업도 재미있을 뿐더러 클라이맥스에서 더 큰 감동을 받을 수 있다.

ⓔ 〈서울의 봄〉 전두광과 이태신의 다이내믹한 대결 구도

ⓔ 〈더 글로리〉 속 예측 불가 빌런 캐릭터 박연진과 전재준

4장

대중적이지 마라,

대중은 상상 속 유니콘이다

대중은 '개인'과 '개인'의 집합일 뿐

오랜 시간 '대중'은 가장 강력한 힘을 가진 의사 결정권자였다. 많은 사람이 좋아하는 이야기는 흥행에 성공하여 끝없이 회자되었지만, 대중적으로 외면당한 이야기는 금세 잊혔다.

그러나 막강한 권력을 가졌던 대중은 더 이상 존재하지 않는다. 평균이 실종되고 전형성이 사라진 개인들의 시대, 대중은 상상 속의 유니콘이 되어버렸다.

우리는 이제 대중적 흐름을 좇기보다는 개인들의 취향을 저격해야 한다. 까다로운 개인들의 입맛은 어떻게 맞춰야 할까? 보편적인 '대중성' 대신 어떤 새로운 기준을 두고 이야기를 만들어가야 할지 알아보도록 하자.

대중이 사라진 시대

스마트폰이 등장하기 전, 우리는 주말마다 가족과 둘러앉아 〈무한도전〉을 시청했다. 학교나 회사에서 친구, 동료들과 함께 박명수가 얼마나 웃겼는지 떠들며 웃고 공감했다. 〈무한도전〉은 그야말로 '국민 예능'이었다.

명절이나 여름 시즌에는 극장을 찾아 다 함께 박스오피스 1위 영화를 관람했다. 시즌 흥행을 노리는 텐트폴tent-pole 영화들은 대부분 보편적인 웃음 코드나 신파를 담은 쉽고 대중적인 영화였다. 〈7번방의 선물〉이나 〈해운대〉처럼 노골적으로 대중성을 노린 작품들이 흥행 불패 1000만 영화가 되었다.

그러나 스마트폰과 함께 뉴미디어 시대가 도래하면서 '국민 예능'과 '흥행 불패 영화'는 사라졌다. **사람들은 더 이상 획일화된 대중성을 가진 이야기를 선택하지 않는다. 각자의 취향대로 각자의 콘텐츠를 즐긴다.** 온 국민의 사랑을 받던

'국민 연예인' 대신 나만의 '최애 크리에이터'를 구독하듯이 말이다.

요즘 Z세대들은 소개팅에서 인스타 돋보기(SNS 검색 추천창)를 서로 공유한다고 한다. 사람마다 취향이 모두 제각각이기 때문에 개인 알고리즘을 통해 그 사람을 알아가는 것이다. **바야흐로 대중의 시대가 저물고 개인 취향의 시대가 밝았다.**

'개인'들의 취향을 저격하라

자기 취향에 맞는 이야기를 만난 개인은 또 다른 개인에게 이야기를 공유하고 추천한다. 온라인 세계에서 입소문은 그 어느 때보다 빠른 속도로 퍼져나가며, 입소문들이 모여 거대한 흥행으로 번지기도 한다.

tvN 〈더 지니어스〉 시리즈는 13인의 참가자가 두뇌와 정치력을 겨뤄 최후의 우승자 1인을 뽑는 '두뇌 서바이벌' 프로그램이다. 두뇌 서바이벌 자체가 소수의 마니아들이 즐기는 마이너한 장르였기에 시즌 1의 첫 회 시청률은 0.4%에 불과했다. 하지만 뚜껑을 열어보니 이 프로그램에는 '개인'

국내 '두뇌 서바이벌'의 시초로 평가받는 〈더 지니어스〉

의 취향을 저격하는 요소들이 가득했다.

　게임 머리만 좋다고 생각했던 홍진호가 상상도 못 한 방식으로 필승법을 찾아내며 하버드생과 멘사 회원을 압도하는 반전의 승부사를 써 내려갔고, 늘 냉철한 모습을 보여주던 방송인 김구라가 진심으로 정색하면서 과몰입하는 모습을 보였다. 기존의 TV 예능에서 보기 힘들었던 치밀한 두뇌 게임과 날것의 정치질이 시청자들의 리얼한 감정을 자극한 것이다.

마니아들 사이에서 퍼지던 입소문에 힘입어 시청률도 점차 상승 곡선을 그렸고, 결국 〈더 지니어스〉는 네 개의 시즌을 제작했다. 이 프로그램으로 '두뇌 예능 장인'에 등극한 정종연 PD는 이후 〈대탈출〉〈여고추리반〉〈데블스 플랜〉〈미스터리 수사단〉 등의 취향 저격 콘텐츠를 꾸준히 내놓을 수 있었다.

하지만 개인의 취향을 저격하는 일은 말처럼 쉽지 않다. 너무 매니악한 이야기는 많은 사람에게 가닿기가 힘들기 때문이다. 그렇다고 너무 뻔한 이야기를 하면 취향이랄 게 없는 무색무취의 콘텐츠처럼 느껴진다.

우리에게는 사적인 취향을 만족시키면서 동시에 보편적인 공감대를 형성하는 스토리텔링이 필요하다. 취향과 공감, 두 마리 토끼를 모두 잡는 사냥법을 지금부터 알아보도록 하자.

언제나 먹히는
정반합 공식

"네가 속한 사회는 모두 정반합의 흐름 속에서 끝도 없이 새로워져 없던 길도 만들어가" - 동방신기 〈O-正.反.合.〉

저자가 개인적으로 가장 좋아했던 '동방신기'의 노래 〈O-正.反.合.〉에서 샤기컷을 한 유노윤호가 열정적으로 외쳤던 가사다. 우리에게 꽤 익숙한 '정반합'이라는 단어는 철학자 헤겔의 변증법에서 나온 개념인데, 기존에 유지되어 온 '정正'이 그것과 상반되는 '반反'과 대립하면서 '합合'이라는 새로운 상태로 나아간다는 뜻이다.

스토리텔링에 적용되는 정반합 공식

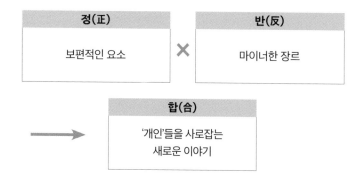

철학계와 가요계 모두에서 핫했던 정반합 개념은 스토리텔링에서도 적용할 수 있다. 전통적으로 많은 사람의 사랑을 받아온 보편적인 요소를 '정'이라고 보고, 이와 반대로 소수의 마니아들이 즐겼던 마이너한 장르를 '반'으로 보도록 하자. '정'과 '반'이 대립하면서 나온 '합'은 메이저한 요소와 마이너한 장르의 장점들이 잘 조화된 새로운 이야기가 된다.

훌륭한 '합'을 도출하기 위해서는 개인의 취향을 저격하는 장르적 기반으로 틀을 짜되, 이야기 곳곳에 익숙한 흥행 요소들을 잊지 않고 녹여내야 한다. 이처럼 정반합 공식을 성공적으로 적용하여 마니아들의 호평과 보편적 흥행 모두를 이끌어낸 사례들을 살펴보자.

보편적 정서를 '험한 것'과 함께 파묻어라

오컬트 영화 최초로 1000만 관객 돌파에 성공한 장재현 감독의 〈파묘〉는 정반합 스토리텔링의 대표적인 예다.

살벌한 못바람과 강렬한 굿판으로 대변되는 영화의 전반부는 장르적 색깔을 제대로 보여준다. 조상귀를 불러내고 퇴마하는 전형적인 오컬트 구조 속에서 말 그대로 '험하디험한' 이야기가 펼쳐진다.

젊은 무당 '이화림'으로 분한 배우 김고은의 신들린 굿 연기를 본 오컬트 팬들은 열광했다. 하지만 중반부를 지나면서 영화는 완전히 달라진다. 조상귀가 친일파였다는 사실이 밝혀지고, 이야기는 풍수적으로 한반도의 허리를 끊은 일제의 만행으로까지 확장된다.

항일 정서와 민족주의를 자극한 것은 1000만 흥행을 가능하게 만든 신의 한 수였다. **낯선 오컬트 장르지만 보편적인 공감 포인트가 있었기 때문에 일반 관객들 또한 몰입해서 볼 수 있었다.** 영화 내내 오컬트 외길만 걸었다면 오컬트 팬들은 열광했겠지만, 1000만 관객까지는 끌어오지 못했을 것이다.

〈파묘〉에 적용된 정반합 스토리텔링

정(正)		반(反)
항일 정서	×	오컬트 장르

합(合)
전 국민이 열광하는 오컬트 명작

전 국민의 공감을 불러일으킨 오컬트 영화 〈파묘〉

웃으면서 편하게 추리하는 법

6년 만에 OTT로 돌아와 여전한 저력을 보여준 〈크라임 씬〉 시리즈는 롤플레잉과 추리 게임이 결합된 추리 예능 프로그램이다. 살인 사건이 벌어진 시나리오 속에서 출연자들이 각각 용의자 캐릭터를 연기하는 동시에 사건의 진짜 범인을 추리하는 복합적인 구성을 가지고 있다.

가장 성공적인 추리 예능으로 평가받는 〈크라임씬〉 시리즈 역시 정반합 스토리텔링에 해당된다. 기본적으로 추리물은 어려운 장르다. 인물들의 증언을 기억하고 새로운 단서들을 따라가면서 여러 용의자를 계속 의심해 범인을 추리해야 한다. 듣기만 해도 머리가 아픈 독자들이 있을 것이다. 그만큼 호불호가 갈릴 수밖에 없다.

〈크라임씬〉은 이러한 추리물의 태생적인 한계를 극복하기 위하여 '콩트 연기'라는 대중적인 요소를 선택했다. 〈크라임 씬〉의 캐릭터들은 추리 영화 속 인물들처럼 어둡거나 무겁지 않다. 오히려 익살스럽고 가볍다. 인물의 이름은 '장명품' '주집착'처럼 쉽고 직관적이며 각 인물의 설정도 과장되어 있거나 우스꽝스럽다. 베테랑 예능인들이 찰진 콩트 연기를 펼칠 수 있는 판을 깔아준 것이다.

〈크라임씬〉에 적용된 정반합 스토리텔링

정(正)		반(反)
콩트 연기	×	추리 장르

합(合)
추리 초보도 즐겨 보는 추리 예능

콩트 연기와 추리 게임이 결합된 〈크라임씬 리턴즈〉

저자가 참여했던 〈크라임씬〉 시즌 3 제작 당시에도 제작진은 추리 설정 못지않게 인물들의 희극적 매력을 살릴 수 있는 방법을 오랜 시간 고민했다. 말투부터 시작해서 다른 인물들을 부르는 호칭이나 태도, 캐릭터의 디테일이 드러나는 작은 버릇들까지 신경 썼다.

역대 게스트 중 최고였다는 평가를 받은 '걸스데이'의 멤버 소진 역시 추리 게임 자체보다는 찰진 사투리 연기와 함께 뿜어낸 귀여운 허당미로 큰 사랑을 받았다. 결국 시청자를 끌어당긴 큰 힘은 매력적인 캐릭터의 콩트 연기였던 것이다.

이처럼 추리와 콩트가 만난 〈크라임씬〉의 독특한 오리지널리티는 시청자들이 웃으면서 편하게 추리할 수 있도록 해준다. 추리 장르에 걸맞은 탄탄한 서사가 기반이 되었기에 장르 팬들은 당연히 만족했고, 추리에 문외한인 일반 시청자들 또한 흐름을 놓치거나 이해하지 못하는 부분이 있어도 거부감을 느끼지 않았다. 정색하고 추리하지 않아도 콩트 자체로 재밌게 볼 수 있는 프로그램이었기 때문이다.

돈 쓰는 '덕후'들을
모셔라

인터넷 커뮤니티에서 '덕후'와 '머글'이라는 단어를 들어본 적 있을 것이다. '덕후'는 서브컬처 마니아를 뜻하는 일본어 '오타쿠オタク'를 한글로 '오덕후'라고 표현하다가 이 단어를 줄인 말이고, '머글'은 해리포터 세계관에서 마법사가 아닌 그냥 인간을 뜻하는 말이다. 국내 팬덤 문화에서는 '덕후'가 팬을 뜻하는 단어로, '머글'은 팬이 아닌 일반 대중을 뜻하는 단어로 통용되고 있다.

전통적인 대중 콘텐츠 시장에선 한 줌의 덕후들만으로는 본전을 뽑을 수가 없었다. 머글들, 즉 다수의 선택을 받아야 상업적인 성공을 거둘 수 있는 제작 구조였기 때문이다. 하지만 앞서 말했듯 개인 취향의 시대가 밝았고, 이제는 머글보다 덕후들의 힘이 더 커졌다. 구매력 높은 덕후들이 등장하면서 '덕후 장사'만으로도 상업적인 성공을 이루는 사례들이 쏟아졌다.

돈 쓰는 덕후 하나, 열 머글 안 부러운 셈이다.

덕후들이 환장하는 특별한 서사

저자도 디저트 덕후들의 응원을 받으며 티빙에서 〈더 디저트〉라는 디저트 서바이벌을 제작한 경험이 있다. 대중적인 요리 예능과 비교하면 너무나 작은 분야이기 때문에 TV 채널에서는 쉽게 시도하기 힘들었을 것이다.

하지만 티빙이라는 OTT의 타깃 구독자층이 디저트 주 소비층인 20~30대 여성이었기 때문에 도전이 가능했다. 디저트 덕후들의 호평에 힘입어 핫한 브랜드 '노티드'와 컬래버레이션 제품을 내놓기도 했다. 이전에 TV 예능을 만들 당시에는 느끼지 못했던 덕후들의 화력을 이때 실감했다.

덕후를 잡아야 하는 시대가 왔음은 명백하지만, 그들을

공략하기란 결코 쉽지 않다. **범대중적인 스토리텔링과 달리 까다로운 덕후들이 특히 환장하는 종류의 서사는 따로 있다.** 가장 대표적인 두 가지는 다음과 같다.

1. 극단적인 관계성
2. 친근한 신비주의

이 두 가지 문구조차도 낯설게 느껴질 수 있다. '극단적인 관계성'은 무얼 뜻하는지, 서로 반대되는 뜻의 두 단어 '친근함'과 '신비주의'가 어떻게 공존하는지 의아할 것이다. 자, 지금부터 덕후들을 사로잡는, 이제까지와는 다른 스토리텔링을 알아보도록 하자.

극단적인 관계성의 맛

'극단적인 관계성'은 양극단의 캐릭터를 가진 인물들 사이에서 만들어지는 독특한 관계를 의미한다. **양극단에 있는 인물들의 캐릭터는 평면적이고 단순하며, 그들이 얽히고설키게 되는 상황은 과장되고 유치하게 설정된다.**

머글들이 선호하는 입체적인 캐릭터, 현실적인 서사와는 완전히 반대되는 방향이다. 일반 대중에게는 이런 극단적인 관계성이 유치하게 보일 수도 있다.

하지만 극단적 대비, 과장, 단순함을 재료로 한 극단적인 관계성은 자극적이고 중독적인 맛으로 덕후를 양산한다. 극단적인 관계성에 입맛이 길들여진 덕후들은 마치 '마라탕후루'에 빠진 중학생들처럼 스토리 속 인물들을 무조건적으로 응원하고 그들의 관계에 열광한다.

관계성을 얘기할 때 빠질 수 없는 대표적인 장르가 바로 남성 간의 로맨스를 다룬 'BL Boys' Love'이다. BL은 1990년대부터 아이돌 팬들 사이에서 팬픽으로 소비되었던 유서 깊은 마이너 장르이지만, 지금은 웹소설과 웹드라마 판에서 가장 인기 있는 장르이자 신인 남자 배우들의 등용문이 되었다.

치열해진 BL 시장에서 덕후들의 선택을 받는 이야기를 쓰려면 인물들을 끝의 끝까지 몰고 가면서 극단적인 관계성을 활용해야만 한다.

국내 BL 드라마 사상 전무후무한 흥행 기록을 세운 왓챠 오리지널 드라마 〈시맨틱 에러〉에서도 주연 캐릭터들의 극단적인 관계성을 찾아볼 수 있다.

디자인과 핵인싸 능글공(BL 세계관에서 주도적 성향의 능글맞

포스터부터 양극단의 캐릭터가 엿보이는 〈시맨틱 에러〉

은 남자 캐릭터) '장재영'과 컴공과 아씨 까칠수(BL 세계관에서 수용적인 성향의 까칠한 남자 캐릭터) '추상우'라는 캐릭터 설정부터 '핵인싸 ↔ 아씨' '능글공 ↔ 까칠수'가 극단적으로 대비된다. 매우 평면적이고 단순한 서사다. 그러나 성격이 딱 그려지는 양극단의 두 남자 주인공이 맞부딪치며 1회의 문을 여는 순간 시청자들은 바로 '입덕'을 외쳤다.

두 주인공 캐릭터가 만들어가는 상황들은 비현실적일 정도로 유치하고 과장되어 있다. 팀 프로젝트 PT에서 본인 이름을 뺐다는 이유로 후배를 쫓아다니며 '초딩'처럼 괴롭히는 선배라든가, 함께 공모전을 준비하면서 투닥거리다가 눈이 맞아서 2주 계약 연애를 하게 되는 두 대학생의 이야기는 지나치게 비현실적이다. 실제 대학생들이라면 절대 하지 않을, 판타지에 가까운 행동들이 펼쳐진다.

하지만 이 극단적인 관계성의 맛은 시청자들의 입덕 포인트였다. 그들은 바로 충직한 덕후가 되었다. 인기 드라마의 척도인 대본집, 포토에세이 등의 굿즈들은 날개 돋힌 듯 팔려나갔고, 영화화까지 되어 6만 명이 넘는 관객들이 극장을 찾았다. 그야말로 덕후 입맛에 딱 맞춘 스토리텔링으로 머글들 도움 없이도 돈 되는 흥행 콘텐츠를 탄생시킨 것이다.

친근한 신비주의, 그거 어떻게 하는 건데?

'친근한 신비주의'는 흥행이 보장되는 두 가지 키워드인 '친근함'과 '신비주의'가 합쳐진 단어다. 언뜻 보면 앞뒤가 안 맞는 말처럼 느껴진다. 사례를 통해 그 뜻을 알아보자.

'국민 여동생'은 오랜 시간 꾸준히 사랑받아 온 수식어다. 〈가을동화〉의 문근영부터 '원더걸스'의 만두 소희와 〈마쉬멜로우〉아이유까지, 귀여운 여동생 이미지로 스타덤에 오른 그들의 강력한 한 방은 바로 '친근함'이었다. 그리고 친근한 국민 여동생의 대척점에는 항상 '신비주의' 가수들이 있었다. 테크노 여전사 이정현과 아시아의 별 보아, '투애니원'의 카리스마 래퍼 씨엘. 그들은 늘 강렬한 컨셉이나 범접하기 힘든 슈퍼스타 이미지 속에서 팬들의 동경을 받았다.

그러나 어느 순간부터 연예계에서 국민 여동생과 신비주의라는 수식어는 찾아볼 수 없게 되었다. 한때는 팬들이 열광했지만 지금은 둘 다 뻔하고 식상한 단어가 되어버렸기 때문이다. 하지만 어디에서나 클래식은 영원한 법. 한때 흥했던 두 수식어를 조합한 '친근한 신비주의'가 새로운 시대의 덕질 트렌드로 떠올랐다.

이게 무슨 '뜨거운 아아' 같은 말인가 싶을 것이다. 이 모순적인 키워드를 어떻게 스토리텔링에 적용할 수 있을까? '친근한 신비주의'의 심플한 지향점을 기억하면 된다.

캐릭터는 친근하게 하되, 세계관은 신비롭게 만들자. 친근한 캐릭터와 신비로운 세계관이 만나 어우러지면 매력이 폭발적으로 증가한다. 그리고 이는 덕후들을 사로잡는 힘을 가진다.

캐릭터 자체로는 인간적이고 친숙한 모습을 보여주는 동시에 캐릭터가 속한 세계관은 이국적이면서 신비롭게 구축하면 된다. 충돌되는 두 가지 상반된 요소가 공존하면서 덕질 포인트가 드러난다. 아직도 아리송하다면, 크리에이터 '펭수'와 버추얼 아이돌 '플레이브'를 떠올려보자.

'펭수'는 남극에서 건너온 성별 불명의 아이돌 연습생 황제펭귄이다. 그야말로 이례 없는 독특한 세계관이었다. 그런데 펭수라는 캐릭터가 하는 말이나 행동은 딱 재미있고 귀여운 '옆집 동생 재질'이다. 이국적인 세계관과 친근한 캐릭터의 신선한 조합에 충격을 받은 사람들은 단숨에 '펭클럽'이 되었다. 펭수 덕후들은 머글로부터 그의 세계관을 지켜주기 위해 안간힘을 쓰면서 펭수 우표와 달력 등의 굿즈를 적극 구매하며 열렬한 응원을 보냈다.

남극에서 온 웃긴 펭귄 '펭수'의 이야기를 담은 유튜브 채널 '자이언트 펭TV'

버추얼 아이돌 '플레이브'는 펭수보다 훨씬 더 신비로운 세계관과 함께 등장했다. 그들이 살던 곳은 가상 세계 '카엘룸'이고 지금 있는 곳은 중간계인 '아스테룸'이며, 균열을 통해 '테라(지구)'와 소통할 수 있다는 것이다. 정리하자면 그들은 외계인이다. 게다가 현실 캐릭터인 펭수와 달리 화면 속 2D 캐릭터로 팬들과 만난다. 여기까지만 들으면 사이버 가수 '아담'이나 챗GPT가 떠오른다.

우주에서 온 털털한 아이돌 '플레이브'의 〈WAY 4 LUV〉의 뮤직비디오

하지만 플레이브는 AI가 아니라 실연자(본체)가 따로 존재하는 보이그룹이다. 실제 사람인 본체가 노래와 안무를 모두 직접 소화하고, 기술적인 과정을 통하여 2D 캐릭터가 직접 말하고 행동하는 것처럼 구현된다. 그렇기 때문에 실제 아이돌처럼 친근하고 인간적인 모습들을 보여준다. 멤버들이 함께 사우나에 다녀온 썰을 풀며 찰진 애드립을 날리기도 하고, 요즘 유행하는 '밈'을 적재적소에 던지기도 한다.

저 멀리 우주에서 온 듯한 외계인 세계관과 바로 옆 동네에서 온 듯한 친숙한 캐릭터의 갭 치이는 많은 덕후를 양산했다. 버추얼 아이돌 플레이브가 공중파 음악방송 1위, 오프라인 콘서트 매진 등 현실에서의 흥행 기록을 세워나갈 수 있었던 가장 큰 이유는 바로 '친근한 신비주의'를 아이돌 서사에 성공적으로 녹여냈기 때문이다.

1. **대중이 사라진 시대다. '개인'들의 사적인 취향을 저격하면서 동시에 보편적인 공감대를 공략해야 한다.**

    ㉪ 마이너한 장르의 한계를 극복한 〈더 지니어스〉

2. **마니아들의 호평과 보편적 흥행, 이 두 마리 토끼를 다 잡는 콘텐츠가 살아남는다.**

    ✔ 전통적으로 사랑받아 온 보편적 요소 '정'과 마니아들이 즐기는 마이너한 장르 '반'이 대립하며 나온 '합'으로 새로운 이야기를 만들어내자.

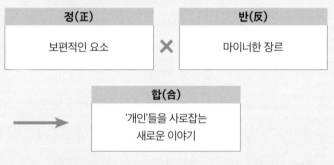

정(正)		반(反)
보편적인 요소	✕	마이너한 장르

합(合)
'개인'들을 사로잡는 새로운 이야기

    ㉪ '항일 정서(정)'를 불러일으킨 '오컬트 영화(반)'로 전 국민을 열광하게 한 영화 〈파묘〉

    ㉪ '콩트 연기(정)'를 결합한 '추리 게임(반)'으로 추리 초보도 쉽게 볼 수 있게 한 예능 〈크라임씬〉

3. 덕후들은 덕심으로 지갑을 연다. 돈 쓰는 덕후 하나는 열 머글 안 부럽다. 덕후들이 특히 환장하는 서사의 특징을 활용하자.

- ✔ '극단적인 관계성'이 필요하다. 캐릭터는 극단적으로 대비되게, 사건은 유치하고 과장되게 만들자.

  �@ 핵인싸 능글공과 아싸 까칠수의 유치한 로맨스 드라마 〈시맨틱 에러〉

- ✔ '친근한 신비주의'로 덕질 포인트를 만들자. 캐릭터는 친근하게, 세계관은 신비롭게 설정하자.

  �@ 남극에서 온 웃긴 황제펭귄 '펭수'

  �@ 우주에서 온 친숙한 아이돌 그룹 '플레이브'

5장

아끼지 마라,

아끼다 똥 된다

처음부터 다 보여주기를 원하는 사람들

"그거 너무 야마라서 벌써 까면 안 돼요."

프로그램의 론칭 홍보 회의를 하다 보면 심심치 않게 들리는 말이다. 언론이나 방송계에서 쓰이는 은어인 '야마'는 반전이나 중요한 장면 혹은 핵심이 될 만한 요소를 일컫는다. 창작자들은 콘텐츠에서 핵심이 되는 부분을 일찍부터 공개하면 본 콘텐츠가 힘을 잃는다고 생각하곤 한다.

창작자에게 창작물은 너무나 소중하다. 그렇기에 어떤 마음으로 필살기 같은 '야마'를 마지막 순간까지 아끼고 싶어 하는지 이해한다. 하지만 콘텐츠를 알리는 마케터의 입장에서는 답답하고 아쉬운 마음이 들곤 한다. 왜냐하면 이제 아무도 우리의 콘텐츠를 기다려주지 않기 때문이다. 정말 똥이라도 싸서 시선을 끌지 않으면 우리 콘텐츠는 '야마'는커녕 존재도 알리지 못하고 사라지고 만다.

정교한 편집을 통해서 의도된 결과물만을 보여주고 싶을 수도 있고, 꽁꽁 숨겼다가 원하는 타이밍에 대중을 깜짝 놀라게 하고 싶을 수도 있다. 하지만 그사이 이미 대중은 떠나고 없다. 정말이지 '아끼다가 똥 되기' 십상이다.

물밀듯 쏟아져 나오는 새로운 콘텐츠들이 대중을 상대로 밀든 당기든 누구도 관심이 없다. **'밀당'을 할 생각은 말고 '관종'이 되어 어떻게든 관심과 이목을 끌어야 한다.** 대중의 기대감을 고조시킬 수 있는 게 있다면 무엇이든 보여줘야 한다.

유명해지고 싶어? 야 너두?
귀여운 관종 '청계산댕이레코즈'

2024년 1월 '청계산댕이레코즈'라는 이름의 유튜브 채널에는 AI 조정석이 부르는 가수 거미의 〈날 그만 잊어요〉 커버 영상이 올라왔다.

AI라고 하기에는 너무도 조정석 그 자체인 목소리, 글에 묻어나는 조정석의 흔적에 몇몇 사람들은 단박에 유튜버의 진짜 정체를 알아챘다. 모두가 예상한 대로 유튜버는 바로 조정석이었다. 여기에 가수 아이유가 자신의 SNS에 AI 조정석의 영상 링크를 올리며 '청계산댕이레코즈' 채널은 더욱 빠르게 입소문을 탔다.

'청계산댕이레코즈' 채널의 '[AI 조정석] 거미 남편이 부르는 거미―날 그만 잊어요' 영상

이어 '청계산댕이레코즈' 채널은 아이유 신곡 커버 영상과 안무 챌린지 쇼츠, 겨울에 어울리는 추천곡 플레이리스트, Q&A 영상 등 유튜버가 구독자들의 관심을 끌기 위해 할 법한 다양한 콘텐츠를 계속 업로드했다.

모두가 그가 조정석이라는 사실을 눈치챘음에도 끝까지 모든 콘텐츠에서 정체를 밝히지 않는 컨셉을 유지하자 화제는 지속되었다. 조정석의 '귀여운 관종' 같은 행보에 대중은 그가 도대체 왜 이런 짓을 하는지 궁금해했다.

사실 '청계산댕이레코즈'는 조정석의 신인 가수 도전기를 담은 넷플릭스 예능 〈신인가수 조정석〉의 홍보를 위해 만들어진 유튜브 채널이었다. 〈신인가수 조정석〉은 '청계산

댕이레코즈'라는 채널을 통해 방영까지 반년이나 남았음에
도 얼굴 없는 유튜버 컨셉으로 대중의 관심을 끄는 데 성공
했다. 이제까지 없던 관종 같은 홍보 방식은 세간의 이목을
끄는 것을 넘어 좀처럼 기다리지 않는 대중을 기다리게까
지 만들었다.

'청계산댕이레코즈'가 그랬듯 관종처럼 모든 것을 보여
줄 수 있어야 한다. 그렇다면 관종의 특징은 무엇이고, 이 특
징을 어떻게 스토리텔링과 결합할 수 있을까? 이제부터 두
가지 솔루션을 자세히 살펴보자.

스포일러
대환영

"스포.주.의."

콘텐츠의 반전과 결말을 조금이라도 담고 있는 글이나 영상의 제목에는 반드시 '스포일러 주의' 문구를 달아야 한다. 이건 우리 사회의 암묵적인 약속이다.

약속을 깨고 함부로 스포일러를 했다가는 유혈 사태로까지 번질 수 있다. 2023년 일본 열도를 강타한 애니메이션 〈최애의 아이〉 결말을 스포일러하려던 직장 후배를 폭행하는 사건이 실제로 일본 교토에서 벌어졌다. 이처럼 스포일러는 시청 욕구를 꺾는 것을 넘어서 분노를 유발한다.

창작자 입장에서도 공들여 만든 작품의 내용이 유출되는 건 상상만 해도 끔찍한 일이다. 마블 히어로 영화 〈어벤저스〉 시리즈의 대단원을 마무리하는 〈어벤저스: 엔드게임〉은 결말 유출을 막기 위해 다섯 가지 버전의 엔딩을 모두 촬영했다. 영화가 개봉된 이후에도 연출을 맡은 루소 형제는 개인 SNS에 '엔드게임스포일러금지DontSpoilTheEndgame' 해시태그와 함께 스포일러하지 말아달라고 부탁하는 글을 올리기도 했다. 이렇듯 스포일러는 제작자에게도 공포의 대상이다.

스포일러는 이처럼 악의 축으로만 여겨왔다. 하지만 지금도 그럴까? 이제 스포일러는 스토리텔링의 새로운 무기가 될 수 있다. '무엇을 어떻게 스포일러하느냐'에 따라 대중은 관심도 없던 혹은 싫어하던 콘텐츠에 관심을 가질 수 있다.

반감을 호감으로 만든 스포일러

〈유미의 세포들〉은 5년간 네이버 웹툰에서 연재되며 팬덤이 두텁게 쌓인 IP였다. 그래서 실사 드라마화가 결정되자 대다수의 원작 팬은 원작의 매력이 제대로 구현될 수 있을지 우려했다. 특히 〈유미의 세포들〉에서 유미의 첫 남자친

만화를 찢고 나온 듯 싱크로율 100%로 캐릭터를 표현한
〈유미의 세포들〉 포스터

구 '구웅' 역할은 초미의 관심 대상이었다. 그런데 그간 로
맨스 작품을 보여준 적 없던 배우 안보현이 〈유미의 세포
들〉 구웅 역으로 첫 로맨스 연기에 도전한다는 소식이 들려
오자 원작 팬들의 걱정은 극에 달했다.

하지만 촬영 현장을 스포일러하는 목격담과 사진이 공개된 후 여론은 손바닥 뒤집듯 뒤집혔다. 긴 머리와 수염, 까무잡잡한 피부, 그리고 유미와의 첫 소개팅 자리에 입고 나와 독자들을 뜨악하게 만든 후줄근한 티셔츠와 반바지, 슬리퍼까지 배우 안보현은 구웅 그 자체였다. 당장 만화를 찢고 나왔다 해도 믿을 정도로 찰떡같은 싱크로율을 자랑했다. 예상치 못했던 스포일러는 우려를 기대와 호감으로 바꾸었다. 걱정하던 사람들은 언제 그랬냐는 듯 안보현표 구웅에 열광하기 시작했다.

콘텐츠 과잉 공급 시대에서 스포일러는 대중에게 존재감을 각인시키고 긍정적인 관심을 불러모으는 강력한 무기가 된다. 이제 스토리텔링에서 스포일러를 영리하게 사용하는 방법을 두 가지 사례를 통해 더 알아보자.

예능 스토리텔링의 패러다임을 바꾼 나영석 PD의 편집

과거 리얼리티 예능에서는 여러 회차와 에피소드를 거듭하며 인물에게 캐릭터를 입혀왔다. 프로그램 속에서 보여주는 말과 행동 혹은 다른 인물들과 빚어내는 케미스트리를 통해 등장인물은 서서히 캐릭터를 쌓아나갔다. 그 때문에 캐릭터를 만들기 위해서는 꽤 많은 시간이 필요했다.

나영석 PD의 여행 리얼리티 예능 〈꽃보다〉 시리즈는 기존에 존재하던 리얼리티 편집 스타일의 정석을 깼다. 나영석 PD는 1회에서 이후에 나올 에피소드와 장면들을 미리 스포일러하며 처음부터 확실한 캐릭터를 정립했다. 한참 뒤에 나올 중요한 에피소드라도 캐릭터를 미리 각인시키기 위해 1회에서부터 공개해 버린 것이다.

유희열, 이적, 윤상이 출연한 〈꽃보다 청춘〉 페루 편은 첫 회에서 추후 나올 중후반부 회차의 장면들을 미리 보여주며 인물의 캐릭터를 잡는다. 여행 내내 어디서든 잘 자고 잘 먹고 잘 싸는 유희열의 모습을 스포일러하며 '상남 유희열'이라는 별명을 지어주고, 어떤 상황에서도 행복을 느끼는 강아지 같은 유희열의 여행 중 모습들을 미리 보여주면서 '유희견'이란 캐릭터를 부여한다.

이렇게 에피소느를 미리 스포일러하는 방식은 인물의 캐릭터를 빠르게 잡을 수 있도록 해준다. 이를 통해 시청자가 등장인물과 친밀해지는 시간을 앞당기고, 캐릭터의 매력에 일찍부터 매료되게 한다. 또한 앞으로 각 캐릭터가 담당할

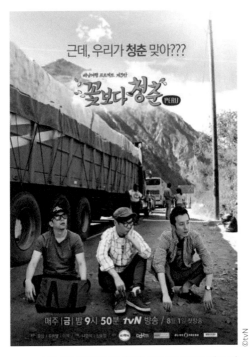

근데, 우리가 **청춘** 맞아???

1회부터 캐릭터를 보여준 〈꽃보다 청춘〉 페루 편

역할을 기대하며 시청을 이어가게 한다.

　요즘 예능에서는 나중에 나올 내용을 미리 스포일러하여 캐릭터를 잡는 방식이 그리 특별하지는 않다. 그러나 〈꽃보다〉 시리즈가 방영하던 당시에는 굉장히 신선한 방식이었다. 저자 또한 〈꽃보다〉 시리즈를 처음 시청했을 때 느꼈던 놀라움을 잊을 수 없다.

나영석 PD가 시도한 편집 방식은 이후 리얼리티 예능에 큰 영향을 주며 예능 스토리텔링의 패러다임을 바꾸었다. 스포일러가 스토리텔링에 도움이 될 수 있다는 사실을 알린 인상적인 사건이었다.

1회부터 결말과 반전을 스포일러하는 드라마들

이야기의 결말이나 핵심이 될 반전을 처음부터 밝히는 스토리텔링 방식은 엄청난 파괴력을 가진다. 드라마 〈품위 있는 그녀〉와 〈부부의 세계〉는 결말과 반전을 스포일러하는 이야기 구조로 방송 첫 화부터 폭발적인 반향을 일으키며 성공을 거두었다.

드라마 〈품위있는 그녀〉는 주인공 박복자(김선아 분)의 죽음으로 1화를 시작하면서 가족 모두가 이 죽음에 대한 동기가 있는 용의자라는 사실을 비추었다. 극의 시작부터 주인공의 죽음이라는 결말을 스포일러당한 시청자는 큰 충격을 받았다. 그리고 '도대체 이들 중 누가, 왜 주인공을 살해한 것인지' 끝까지 함께 추리하며 시청했다.

1화의 첫 신부터 주인공의 죽음이란 결말을 공개한
〈품위있는 그녀〉

첫 화 첫 신에서 등장한 충격적인 결말의 스포일러는 결
국 죽음의 진실이 밝혀지는 19화까지 시청자의 관심을 붙잡
는 데 성공했다. 1화에서 2%에 그쳤던 시청률은 마지막 화
인 20화에 12%를 돌파했다.

드라마 〈부부의 세계〉는 반전이 되는 요소를 숨기지 않고

스포일러해서 화제를 모았다. 불륜과 치정을 소재로 한 드라마에서 불륜 상대는 시청자들이 가장 궁금해하고 흥미를 느끼는 소중한 반전 요소다. 그래서 통상 불륜 드라마들은 그들의 정체를 바로 밝히지 않고 아껴왔다.

하지만 〈부부의 세계〉는 반전으로 쓰일 불륜 상대의 정체를 1화 엔딩에서 스포일러하는 방식을 택했다.

1화에서 불륜 상대의 정체를 스포일러한 〈부부의 세계〉

"모두가 완벽했다. 나를 둘러싼 모두가 완벽하게 나를 속이고 있었다"라는 지선우(김희애 분)의 대사와 함께 남편의 불륜 상대인 여다경(한소희 분)의 정체가 드러나고 주변 모든 인물이 이 불륜 커플에게 조력했다는 반전이 폭탄처럼 터졌다.

첫 회가 방영되자마자 온라인 커뮤니티와 언론에서는 유례없는 전개에 열띤 반응을 쏟아냈다. 시청자들은 주인공 지선우가 느꼈을 충격과 배신감을 시작부터 똑같이 느꼈고 남편과 불륜 상대에게 어떤 복수와 파국을 선사할지 끝까지 함께 이를 갈면서 기대했다.

스포일러는 없던 관심도 생기게 한다. 그리고 자발적으로 입소문을 내게 한다. 강도가 셀수록 그 효과는 더 강력하다. 그래서 시작부터 뇌리에 박히는 결말과 반전을 스포일러하는 이야기는 사람들의 관심을 이끌어낼 수 있다. **즉 영리한 스포일러는 독이 아닌 득이다.**

과정도
콘텐츠가 된다

과거 다이어트를 소재로 한 콘텐츠는 으레 체중 감량이라는 결말을 향해 달려가는 리얼리티 예능, 혹은 기간 내에 누가 더 많이 감량할 것인가를 겨루는 서바이벌 예능이 대다수였다. 감량 전과 후가 드라마틱한 대비를 이루는 결말을 보여주는 게 다이어트 콘텐츠의 화룡점정이자 필수 요소였다.

하지만 요즘 SNS에서 사랑받는 다이어트 콘텐츠는 결말 없이 과정만 무한 반복되기도 한다. '유지어터'로서 몸무게를 유지하기 위해 하루 루틴을 성실히 기록하는 콘텐츠, 운동과 식단을 지키다가도 무너지는 현실적인 모습을 기록한 콘텐츠 등을 쉽게 볼 수 있다.

과거 다이어트 콘텐츠를 기준으로 놓고 보자면 극적인 결말이 없어 어쩐지 찝찝한 기분이 들 수도 있다. 하지만 특별할 것 없는 일상의 온전한 과정을 보여주는 이 콘텐츠들은 지금 시대에서 큰 사랑을 받기 시작했다. 드라마틱한 반전도, 변화도, 결말도 없고 그저 성실히 기록된 현실적인 과정들만 존재할 뿐인데도 말이다.

대중은 '살아 있는' 이야기에 열광한다. 그리고 '과정'은 살아 있는 생생한 이야기가 될 수 있다. 목표를 향해 성실히 나아가지만 때로는 실패하고 무너지는 현실감 넘치는 과정 그 자체가 공감을 불러일으킨다.

지금껏 과정은 버려지거나 서비스로 제공되는 작품의 부속물로 여겨졌다. **과거라면 버려졌을 정제되지 않은 뒷이야기와 과정들이 이제는 어디서도 볼 수 없는 진짜 이야기로 인식된다. 그러니 과정도 아끼지 말고 활용해야 한다.**

드라마보다 더 드라마 같은
1년간의 '비하인드 하드털이'

버리기 쉬운 자투리 부분도 어떻게 기워내는가에 따라 새로운 콘텐츠가 될 수 있다.

BTS Behind The Scenes, 비하인드 영상은 콘텐츠를 만들어가는 과정에서 생기는 부산물이다. 그래서 보통 하나의 완성도 높은 콘텐츠로 인정받기보다는 단순히 마케팅의 소재로만 인식되어 왔다.

하지만 이 자투리도 잘 긁어모아 엮어내면 새로운 원단이 탄생한다. '슬기로운 하드털이'라는 이름하에 기획된 거대한 BTS 콘텐츠가 그 예다.

'슬기로운 하드털이'는 드라마 〈슬기로운 의사생활〉을 연출한 신원호 PD가 일주일에 하나씩 직접 만들어낸 BTS 콘텐츠다. 드라마 〈슬기로운 의사생활〉 시즌 1이 종영한 후 시즌 2를 방송하기 전까지 신원호 PD는 유튜브 채널 '채널십오야'를 통해 캐스팅 비하인드부터 시즌 1의 회차별 메이킹 영상들을 1년간 일주일에 한 편씩 공개했다.

〈슬기로운 의사생활〉의 비하인드를 1년간 업로드한 '슬기로운 하드털이'

캐스팅이 확정되지 않은 단계에서 배우들을 미팅하는 순간, 주연뿐만 아니라 조연 캐릭터 30여 명의 첫 미팅, 캐스팅 비화 등 '하드털이'에서만큼은 큰 배역부터 작은 배역의 이야기가 하나씩 소중하게 조명되었다. 어색했던 배우들의 사이가 시간이 흐르며 끈끈해지는 과정은 마치 하나의 드라마 서사처럼 그려졌다.

신원호 PD는 '슬기로운 하드털이'를 기획하게 된 이유에 대해 "시즌 1을 정리하다 보니 버리기 아까운 NG나 오디션 영상, 첫 만남 영상 그리고 편집된 장면들이 하드에 많았다. 그래서 시청자들이 〈슬기로운 의사생활〉 시즌 2를 1년간 기다리면서 지루하지 않도록 영상들을 정성껏 모아서 일주일에 하나씩 업로드하기로 결정했다"라고 말했다.

〈슬기로운 의사생활〉 시즌 1의 탄생부터 마지막까지의 대서사시를 담은 51개의 BTS 콘텐츠는 1년간 매주 목요일 밤을 기다리는 이유가 되었다. 신원호 PD의 말에 따르면 "버리기 아까워 시작한 콘텐츠"였지만, 이제 드라마 본편만큼이나 힘을 갖는 콘텐츠가 된 것이다.

과정 자체가 이야기가 되고 브랜딩이 된다

유명 드라마의 비하인드만 이야기가 될 수 있는 것이 아니다. 브랜드가 탄생하고 제품이 생산되기까지의 여정 혹은 취업, 공부, 이민 등 인생 속 나만의 도전 과정도 독자적인 이야기가 될 수 있다.

'모베러웍스'는 모춘, 소호, 대오 세 명의 디자이너, 기획자가 네이버 라인LINE을 퇴사한 후 만든 브랜딩 디자인 전문 회사로 구글, 페이스북, 오뚜기, 신한카드 등의 기업들과 협업하여 브랜드의 문제를 해결하는 크리에이티브 그룹이다.

스스로를 '이야기 만드는 집단'이라 정의하는 만큼 이야기의 힘을 잘 알고 있는 이들은 새로운 사업인 극장 '무비랜드'를 만들며 벌어지는 과정을 이야기로 풀어냈다.

모베러웍스는 유튜브 채널 'Mo.TV'에 2022년 6월 '모베러웍스가 극장을 만든다면'이라는 제목의 영상을 올리며 극장 실립의 본격적인 시작을 처음 알렸다. 이후 무비랜드가 2024년 3월 성수동에 실세로 문을 열기까지 2년여의 여정을 약 30편의 영상 콘텐츠로 제작하여 대중과 공유했다.

이들은 초반부 에피소드에서 극장을 지을 수 있을지 고
민하는 모습을 그대로 보여준다. 회복이 불가능할 정도로
망할 수도 있다는 두려움에, 이게 맞는 선택일까 고뇌하는
모습이 영상에 드러난다. 계획한 일정들이 틀어지고 지연되
는 상황에 처하기도 하고, 영사기사 자격증을 따기 위해 전
직원이 공부를 하고 시험에 임하지만 가까스로 한 명만이
최종 합격하는 모습도 영상으로 확인할 수 있다.

**우왕좌왕하지만 그래서 더 현실적이고 친근감이 느껴지는
과정에 소비자들은 공감하며 이들을 응원한다.** 그래서 모베러
웍스가 무비랜드를 만들어가는 여정은 나와는 먼 성공 스토
리가 아니라 매달 듣는 친구의 이야기처럼 다가온다.

무엇보다 소비자들은 제작기를 보며 '왜 이런 아이디어
가 채택되고 이런 디자인이 탄생했는지' 자연스레 알게 된
다. **이 모든 과정에 함께한 소비자는 브랜드의 정신을 이해하고
훨씬 애정할 수밖에 없다.** 무비랜드가 하루아침에 쉽게 만들
어진 극장이 아니며 작은 디테일까지도 의도되었다는 사실
을 제작 과정을 시청하며 알게 되었기 때문이다.

열 명이 안 되는 구성원들이 무에서 유를 창조하는 과정은 곧 무비랜드 브랜드의 정신이자 하나뿐인 이야기가 되었다. 2년간의 이야기에 진심을 느끼고 희로애락을 함께한 사람들은 기꺼이 무비랜드에 돈을 지불하러 나섰다. 여정에 참여한 대중을 상대로는 대단한 마케팅이 필요하지 않았다. 성실히 공유한 과정 자체가 강력한 마케팅이고 브랜딩이며 무비랜드만의 고유한 '스토리'가 되었기 때문이다.

1. **아무도 우리의 콘텐츠를 기다리지 않는다. '밀당'을 할 생각은 말고 '관종'이 되어 어떻게든 관심과 이목을 끌 수 있어야 한다.**

    ㉙ 넷플릭스 예능 〈신인가수 조정석〉 홍보를 위해 만들어진 '청계산댕이레코즈' 채널의 관종 같은 행보

2. **스포일러를 영리하게 사용하면 대중의 관심을 끄는 건 물론이고 없었던 기대감마저 폭발시킬 수 있다.**

    ✔ 첫 회가 중요하다. 후반부 에피소드를 먼저 소개해 인물의 캐릭터를 보여주고, 결말을 공개해 궁금증을 유발하자.

    ㉙ 예능 편집의 패러다임을 바꾼 나영석 PD의 후반부 에피소드 맛보기 편집 스타일

    ㉙ 결말과 반전을 스포일러한 드라마 〈품위있는 그녀〉와 〈부부의 세계〉

3. 과거라면 버려졌을 자투리 콘텐츠가 이제는 '살아 있는 진짜 이야기'로 인식된다.

✓ '과정'을 스토리텔링에 적극적으로 활용하자.

㉠ 드라마보다 드라마 같은 〈슬기로운 의사생활〉의 비하인드 영상 '슬기로운 하드털이'

㉠ 과정 자체가 브랜딩이 된 '모베러웍스'의 극장 '무비랜드' 제작기

6장

새롭지 마라,

아는 맛이 더 무섭다

100% 재미 보장을 원하는 소비자들

프로그램 기획을 위해 아이디어 회의를 하다 보면 빠지지 않고 나오는 이야기들이 있다. "그거 tvN에서 했던 무슨 무슨 프로그램이랑 비슷한데요." "그거 예전에 〈무한도전〉에서 하지 않았나요?" 가끔 서럽기도 하다. 조금만 더 일찍 태어났다면 내가 먼저일 수도 있었는데.

갈수록 기획안 쓰는 일이 쉽지 않다. 전 세계 수많은 플랫폼에서 미친 듯이 콘텐츠를 뽑아내고 있다. "하늘 아래 새로운 것은 없다"라는 말이 그저 변명으로만 들리지 않을 정도로 새로운 것을 찾기 어려운 시대다.

콘텐츠 업계에서 '새로움'은 업계 종사자라면 반드시 좇아야 하는 가치이자 절대불변의 진리다. 심지어 새로운 콘텐츠는 기대에 못 미치는 결과가 나오더라도 새롭다는 이유 하나만으로 존중받기도 한다. 그런데 정말 새로워야만 할까?

영리한 스토리텔러들은 더 이상 새로움에 목매지 않는다. 이제 새로움은 스토리텔링에 있어 우선순위가 아니다. 도전적이고 크리에이티브한 이들에게는 다소 발칙하고 가혹하게 들리겠지만, 이제는 새로움이 콘텐츠(상품)의 성공을 방해할 수도 있다.

지금은 '이게 무슨 말이야' 싶을 수 있다. 얼른 알아보자. 왜 아는 맛이 더 무서운지.

소비자들은 더 이상 모험하지 않는다

소비 패턴이 바뀌고 있다. **소비자들은 이제 모험하지 않는다.**

소비에는 나의 소중한 돈이 들어간다. 콘텐츠 소비라면 돈뿐만 아니라 시간까지 들어간다. 도처에 즐길 것이 널린 요즘 소비자들은 손해 보는 일을 점점 더 기피하고, 가성비는 갈수록 중요한 가치로 떠오르고 있다.

이때 리스크를 줄이는 방법은 새로운 것이 아닌 검증된 것을

택하는 일이다. 새로운 것은 리스크가 크다. 반면, 검증된 것은 리스크가 작다. 검증된 것을 택했을 때의 결과가 새로운 것을 택했을 때의 결과보다 못할까? 무조건 그렇지도 않다. 현명한 소비자들은 이를 깨달았고, 모험을 멀리하게 되었다.

사람들이 점점 더 알고리즘에 의존해 콘텐츠와 상품을 소비하는 현상도 마찬가지다. 알고리즘은 내가 좋아하는 것을 골라서 추천해 준다. 알고리즘이 검증해 주는 대로 따라가면 실패 확률이 확 줄어든다.

알고리즘의 대두는 소비자뿐만 아니라 콘텐츠 제작자와 마케터에게도 큰 영향을 미쳤다. '우리 프로그램의 클립이, 혹은 쇼츠가 알고리즘에 잡힐 수 있을까?'가 주제인 회의가 정말 많이 늘었다. 재미있고 기발하더라도 알고리즘에 잡히지 않을 것 같은 기획이라면 반려된다.

알고리즘을 타지 못할 콘텐츠를 만드는 일은 누구도 보지 않을 콘텐츠를 만드는 일과 같다. 알고리즘을 못 타는 새로움은 사기만족일 뿐이다.

알고리즘의 신은 새로우면 새로울수록 외면한다. **결국 알고리즘의 신에게 간택받기 위해서는 콘텐츠 제작자와 마케터도 검증된 이야기를 따라갈 수밖에 없다.**

〈범죄도시〉 시리즈가 보장하는 확실한 재미

영화 〈범죄도시〉 시리즈는 2편부터 4편까지 모두 1000만 관객을 돌파하며 한국 영화의 새로운 역사를 썼다. 〈범죄도시 1〉 이후 이 시리즈의 내용은 동일한 패턴으로 진행된다. 그래서 관객들은 영화가 어떤 내용으로 진행될지 예측한 채로 관람을 시작한다.

그럼에도 관객들은 다른 영화보다도 〈범죄도시〉를 택한다. 〈범죄도시〉에는 검증된 재미가 있기 때문이다. 〈범죄도시〉는 새로운 방식으로 내용을 전개하기보다는 기존의 패턴을 충실하고 안전하게 반복한다. 적절한 시점마다 웃음이 터지고, 빌런 캐릭터는 나름의 카리스마를 보여주며, 마석도 형사는 시원시원한 펀치로 빌런을 때려잡는다.

〈범죄도시〉 시리즈의 성공은 소비자들의 변화를 명확히 보여준다. 소비자들은 이제 새로운 것을 향해 모험하기보다는 경험으로 알고 있는 확실한 행복을 추구한다. '소확행'이 스토리텔링에도 적용되는 것이다.

소비자의 변화는 제작자의 변화로 이어졌다. 〈범죄도시〉 시리즈는 2024년에 개봉한 〈범죄도시 4〉에서 그치지 않는다. 무려 〈범죄도시 8〉까지 제작이 예정되어 있다고 한다.

한국 영화의 역사를 새로 쓴 〈범죄도시〉 시리즈

제작자 또한 새로운 것을 향해 모험하기보다는 검증된 콘텐츠에 투자하고 있음을 알 수 있다.

그렇다면 〈범죄도시〉 시리즈는 앞으로도 승승장구할까? "이대로라면 아니"라고 대답하고 싶다. **아는 맛은 무섭다. 하지만 아는 맛이 계속되면 결국 지겨운 맛이 된다.** 〈범죄도시〉 시리즈는 검증된 패턴을 반복하며 성공을 거두고 있지만, 앞으로도 반복만을 거듭한다면 관객들은 언젠가 질리고 말 것이다.

'이제까지 새롭지 말자고 해놓고 반복하면 질린다니 어쩌라는 거야' 싶을 수 있다. 하지만 '새롭지 않지만 지겹지도 않은 스토리'는 불가능해 보여도 불가능하지 않다.

우리는 익숙하되 질리지 않는 스토리, 이미 알지만 그래서 더 흥미로운 스토리를 만들어야 한다. 지금부터 그 방법에 대해 알아보자.

'아는 맛' 더하기 '아는 맛'은?
꿀맛!

2007년 애플의 CEO 스티브 잡스가 아이팟, 휴대전화, 인터넷 통신기기를 합친 새로운 제품을 발표했다. '아이폰'의 탄생이었다. 기존 상품들을 결합해 새로운 상품을 만들어내는 것은 발명의 대표적인 방법론 중 하나다. 발상은 단순해 보이지만, 아이폰이 혁신을 가져왔던 것처럼 놀라운 결과로 이어지기도 한다.

아는 맛끼리 더하면 얼마나 맛있게요

스토리의 세계에서도 효과적인 방법이다. **아는 맛과 아는 맛을 더할 때 더 맛있는 스토리가 탄생한다.** 하나의 이야기에 여러 재미 요소가 담겨 있으면 시너지를 일으키며 스토리를 더욱 매력적으로 만들 수 있다.

이것저것 아무거나 집어넣으라는 말이 아니다. 아는 맛과 아는 맛을 더하라고 하면 어디에 들어가도 잘 어우러지는, 섞기 편리한 아는 맛들을 먼저 떠올리기 쉽다. '신파' 같은 맛 말이다.

신파가 내용을 더 풍부하게 만들 수도 있다. 하지만 SF에도 신파, 재난에도 신파, 액션에도 신파 등 고민 없이 막무가내로 신파를 집어넣어 실패한 영화들을 우리는 너무나도 많이 봐왔다.

스토리 짜기 편하자고 아는 맛과 아는 맛을 더하라는 것이 아니다. 누구나 알고 있는 맛의 조합은 오히려 스토리를 낡게 만든다. 남들이 합칠 생각을 하지 못했던 요소끼리 더할 수 있어야 한다.

나영석 PD와 이진주 PD의 〈윤식당〉이 대표적인 예다. 〈윤식당〉이 방영되었던 2017년은 여행 예능과 쿡방 예능이

트렌드의 정점에 있던 때였다. 잠시 〈윤식당〉이 방영되기 전
예능의 트렌드를 살펴보자.

나영석 PD가 tvN으로 이적한 후 처음 내놓은 예능 〈꽃
보다 할배〉가 대성공을 거뒀다. 이후 KBS 〈배틀 트립〉, tvN
〈짠내투어〉, JTBC 〈뭉쳐야 뜬다〉 등 여행 예능 프로그램이
줄지어 방영되기 시작했다.

한편으로는 쿡방 예능이 큰 인기를 끌고 있었다. JTBC
〈냉장고를 부탁해〉의 셰프 군단과 MBC 〈마이 리틀 텔레비
전〉의 백종원을 시작으로 셰프들이 방송에 자주 등장하기
시작했다. 셰프들 없이는 예능 프로그램을 만들 수 없다는
말이 나올 정도였다.

TV를 틀면 여행 예능과 쿡방 예능이 쏟아졌다. 그러나
익숙해지면 질리기 마련이다. 여행 예능과 쿡방 예능이 슬
슬 물려가던 때, 나영석 PD와 이진주 PD는 영리하게도 이
둘을 조합했다.

〈윤식당〉에서 윤여정, 이서진 등은 인도네시아 발리에 한
식당을 오픈하여 운영한다. 식당 운영이 메인이기 때문에
〈윤식당〉은 기본적으로 쿡방 예능의 성격을 가지고 있다. 윤
여정이 메인 셰프 역할을 맡아 외국인 손님들을 위해 한식
을 요리한다. 틈틈이 신메뉴를 개발하기도 하며 쿡방의 재

아는 맛과 아는 맛을 영리하게 조합한
나영석 PD, 이진주 PD의 〈윤식당〉

미를 더한다. 그러나 여행 프로그램으로서의 기능도 놓치지
않는다. 이국적인 발리의 풍광을 보여주고, 휴식 때는 스노
클링 등을 하며 발리의 바다를 즐긴다.

　〈윤식당〉은 당시 트렌드였던 여행 예능과 쿡방 예능의 재
미를 모두 챙기면서 시너지를 일으켰다. 아는 맛과 아는 맛
을 더한 것이다. 당시 모든 PD가 여행 예능, 쿡방 예능이 인

기라는 것을 알고 있었다. 하지만 누구도 이를 합칠 생각을 하지 못했다. 나영석 PD와 이진주 PD는 이 둘을 합침으로써 새로운 재미를 만들어내는 데 성공했다.

'단짠단짠'은 진리

아는 맛이되 서로 이질적인 요소끼리 더하는 것도 효과적이다. 마치 '단짠단짠'처럼 말이다. 새로운 요소가 없더라도 이질적인 요소끼리 조합하면 신선하고 새로운 느낌을 줄 수 있다. 이질적인 요소가 섞이면서 발생하는 충돌과 불협화음이 새로움 그 자체가 되기 때문이다.

디즈니플러스의 〈무빙〉이 이에 해당한다. 〈무빙〉은 초능력을 숨긴 채 살아가는 사람들이 있다는 세계관을 바탕으로 한 판타지 드라마다. 전반적으로는 히어로물의 성격을 가지고 있지만, 봉석(김정하 분)과 희수(고윤정 분)가 등장하는 초반 에피소드는 청춘물로도 손색없다.

히어로물로서의 〈무빙〉은 굉장히 무겁다. 잔인함의 수위도 꽤 높다. 반면 청춘물로서의 〈무빙〉은 상큼하고 발랄하다. 고등학생인 봉석과 희수가 서서히 가까워지는 부분과

©Disney+

다채로운 장르의 맛을 결합한 〈무빙〉

빌런 캐릭터인 프랭크(류승범 분)가 초인적인 힘을 발휘해 싸우는 부분을 따로 놓고 보면 같은 드라마라고 생각하기 어려울 정도다.

〈무빙〉은 히어로물로도, 청춘물로도 완성도가 높은 작품이다. 그러나 무엇보다 훌륭했던 건 무거운 히어로물과 풋풋한 청춘물, 이 이질적인 장르들을 한데 모았다는 점이다.

만약 〈무빙〉이 히어로물이기만 했다면, 혹은 청춘물이기만 했다면 이만큼 성공하지 못했을 것이다. 보고만 있어도 흐뭇해지는 봉석과 희수의 서사가 히어로물의 무거운 분위기를 풀어주었고, 거대한 스케일과 과감한 액션이 밋밋할 수 있는 청춘물을 스펙터클하게 만들었다. 이질적인 요소들

156

을 조합함으로써 이제껏 없던 새로운 드라마를 탄생시킨 것
이다.

　그러니 모르는 맛을 만들겠다고 무리해서 도전할 필요
없다. 아는 맛과 아는 맛을 더하면 안전하지만 신선한 스토
리를 만들 수 있다.

메뉴는 익숙하게,
레시피는 신선하게

이제 익숙한 스토리에 변주를 줌으로써 '아는 맛'과 '신선함'을 모두 잡는 스토리텔링에 대해 알아보자. 요리책도 아닌데 먹는 이야기가 좀 많은 것 같지만, 이번 장의 주제가 '아는 맛'인 만큼 음식에 비유하여 솔루션을 시작하려 한다.

크루아상의 색다른 변신에 환호한다는 것

크루아상 생지를 와플 기계에 눌러 만든 디저트 '크로플'

은 크루아상과 같은 맛이면서도 다른 모양, 다른 식감으로 큰 인기를 끌었다. 크루아상 위에 초콜릿 칩 쿠키 반죽을 올려 만든 디저트 '크루키'도 많은 사랑을 받았다. 크루아상을 누룽지처럼 납작하게 눌러 만든 '크룽지'도 빠질 수 없다. 익숙한 빵인 크루아상과 신선한 레시피가 만나 크로플과 크루키, 크룽지라는 색다른 디저트로 재탄생한 것이다.

사람들은 크루아상이라는 예측 가능한 메뉴를 통해 검증된 맛을 보장받으면서도 신선한 레시피로 새로움을 느낄 수 있었다. 크로플, 크루키, 크룽지는 '내가 아는 크루아상이 어떻게 바뀌었을까' 호기심을 갖게 하고, '크루아상이 이렇게 변신할 수 있구나'라는 놀라움과 충격도 가져다준다.

크루아상을 변신시키는 이 방식은 스토리에서도 먹힌다. **익숙한 스토리에 변주를 줌으로써 아는 맛의 안전함과 색다른 조리 방식의 신선함, 두 마리 토끼를 다 잡을 수 있다.**

아예 없던 이야기를 탄생시키는 것보다 익숙한 스토리에 변주를 주는 것이 더 새롭게 느껴지기도 한다. 기대와 예상을 깨트리기 때문이다. '당연히 어떤 방향으로 진행되겠지' 하고 생각했던 이야기가 전혀 다른 방향으로 틀어질 때의 기분 좋은 배신감을 다들 한 번씩은 느껴보았을 것이다.

분명한 대조군이 있다는 것도 익숙한 스토리에 변주를

주는 방식의 장점이다. 이러한 '변주 스토리'는 '익숙한 스토리'와 비교되며 더 돋보일 수 있다.

영화 〈30일〉에서 정열(강하늘 분)은 결혼 허락을 받기 위해 예비 장모님을 만나러 간다. 고급 음식점에 들어선 정열은 딱 봐도 고급스럽게 차려입은, 절대 순순히 결혼을 허락해 주지 않을 것 같은 예비 장모님을 만난다. 예비 장모님이 물이 든 컵을 집어 드는 순간 관객들은 '물을 뿌리겠구나'라며 '익숙한 스토리'를 떠올리지만, 그는 오히려 "마셔요, 긴장한 것 같은데"라는 대사와 함께 물을 건넨다. '변주 스토리'가 등장하는 것이다. 이처럼 클리셰를 비틀어 웃음을 만들어내는 〈30일〉은 뻔한 장면들로 이루어진 다른 영화들과 차별화되며 더욱 돋보인다.

익숙한 스토리와 변주 스토리는 유사하기 때문에 비교가 쉽다. 익숙한 스토리들은 신선한 레시피를 적용한 변주 스토리와 비교되며, 변주 스토리를 더 빛나게 하는 고마운 들러리가 되어줄 것이다.

하지만 중요한 과정이 남았다. 익숙한 스토리를 가져오는 일은 쉽다. 널린 게 익숙하고 뻔한 이야기들이다. 여기에서 변주를 줘야 하는데… 도대체 변주는 어떻게 주는 것일까?

1. 등장인물을 바꾼다

2. 화자를 바꾼다

이 두 가지는 이야기에 변주를 주는 가장 간단한 방법이다. 하나씩 살펴보자.

뻔한 듯 뻔하지 않은 〈눈물의 여왕〉

익숙한 이야기에는 익숙한 등장인물들이 있다. 로맨틱 코미디 영화에는 잘생긴 남자 주인공과 예쁜 여자 주인공이 나와야 하고, 액션 영화에는 근육질의 탄탄한 몸을 가진 인물이 나와야 한다. **이 익숙한 모습을 낯설게 바꾸면 이야기는 완전히 달라진다.**

여자 주인공이 백마 탄 왕자 같은 남자 주인공을 만나 구원받는 신데렐라 스토리는 오랫동안 한국 로맨틱 코미디의 주류였다. 남자는 재벌, 여자는 평범하거나 가난한 서민이라는 설정이 공식과도 같았다.

2024년 3월에 방영된 tvN 드라마 〈눈물의 여왕〉은 이러한 신데렐라 스토리를 흥미롭게 비틀었다. 남자 주인공인 백현우(김수현 분)는 서민이고, 여자 주인공인 홍해인(김지원 분)이 재벌 3세다. 홍해인은 백현우의 마음을 돌리기 위해 헬기를 타고 백현우를 찾아가며, 백현우는 불편한 처가살이를 한다. 기존 신데렐라 스토리의 남녀 주인공 설정을 완전히 뒤집었다.

이 드라마에서 화제가 되었던 장면 중 하나는 재벌가 사위들이 제사를 준비하는 신이다. 여타 드라마에서 재벌가의 요리는 모두 여성의 몫이었다. 여자 주인공이 하지 않으면 조연 혹은 고용된 여성 캐릭터가 맡았다. 하지만 〈눈물의 여왕〉에서는 사위들이 모여 제사 음식을 준비한다. 심지어 며느리가 할 법한 "홍씨 조상 제사를 김씨, 유씨, 조씨가 준비한다"라는 대사를 뱉기도 한다.

〈눈물의 여왕〉이 어디서 본 것 같은 클리셰가 넘쳐나는 드라마라고 악평하는 사람도 있다. 잘못된 평가다. **클리셰를 사용한 것은 '아는 맛'을 놓치지 않기 위한 전략적인 수에 가깝다.** 〈눈물의 여왕〉은 익숙한 신데렐라 스토리를 차용하되 성별을 바꿈으로써 신선함과 아는 맛, 어느 하나 놓치지 않은 영리하고 훌륭한 작품이었다.

《타임》은 〈눈물의 여왕〉의 글로벌 열풍을 조명하면서 "우리가 K-드라마에서 흔히 기대하는 것을 비틀고 신선하게

신데렐라 스토리를 역이용한 〈눈물의 여왕〉

접근한 드라마"라며, "익숙한 요소와 참신한 요소를 결합했
나"라고 평가했다.《타임》이 평한 익숙한 요소와 참신한 요
소의 결합이 바로 '메뉴는 익숙하되, 레시피는 신선하게'인
것이다.

처음부터 끝까지 반말인 국어 수험서?

같은 말이라도 누가 전하느냐에 따라 메시지의 내용, 받아들이는 사람의 태도 등 많은 것이 달라진다. 마찬가지로 **익숙한 스토리일지라도 화자를 달리하여 신선하게 재탄생시킬 수 있다.**

1장에서 살짝 언급했지만 저자는 대학생 시절 『떠먹는 국어문법』이라는 수험서를 집필했다. 출판사에서 먼저 제안하거나 어디선가 의뢰받은 것이 아니었다. 전공이 국어교육이었기 때문에 마음만 먹으면 쓸 수 있겠다는 가벼운 생각으로 접근했다. 그래서 무작정 같이할 동료들을 구해 집필을 시작했다.

동료들과 함께 어떤 책을 써야 할지, 어떻게 해야 우리 책이 더 돋보일 수 있을지 많이 고민했다. 하지만 쉽지 않았다. 시중에는 이미 너무나도 많은 국어 수험서가 있었다. 내용적으로도 차별화가 쉽지 않았다. 학교나 학원에서 수년간 학생들을 가르친 선생님들에 비해 우리의 내공은 턱없이 부족했다.

이때 떠올린 아이디어가 '과외 선생님'이라는 화자였다. 과외 선생님은 일타 강사보다 '선생님'으로서의 카리스마는

저자가 집필한 책 『떠먹는 국어』 시리즈(광고 아님)

부족해 보일 수 있다. 하지만 선생님보다는 편하고 친근한 존재이며, 학생의 바로 옆에서 눈높이에 맞춰 접근한다는 강점이 있다. 교사, 강사보다는 과외 선생님이 더 어울렸던 우리는 과외 선생님이라는 화자를 내세워 책을 쓰기 시작했다.

이를 위해 딱딱한 문어체가 아닌 친근한 구어체로 모든 내용을 서술했다. 심지어 존댓말도 아닌 반말로 썼다. 과외 선생님이 바로 옆에서 말하고 있는 것 같은 느낌을 주고 싶었다. 책을 읽는 학생에게 말을 거는 듯한 내용도 군데군데 삽입했다.

분야는 국어 문법으로 정했다. 국어 문법이야말로 그 어떤 분야보다 친절하고 자세한 설명이 필요하기 때문이다. 그렇게 완성한 원고를 들고 여러 출판사를 만나러 다녔다.

많은 출판사에서 우리 원고에 관심을 보였고, 결국 출간에 성공했다.

알맹이는 사실 교과서에 있는 내용, 기존 수험서에서 다루는 내용과 크게 다르지 않다. 그럼에도 화자를 바꿈으로써 우리 책은 기존 수험서와는 전혀 다른 책이 되었다.

화자를 바꾸면 익숙한 이야기에 변주를 줄 수 있을 뿐만 아니라 이야기를 더 효과적으로 전달할 수 있다. 그렇지만 많은 사람이 스토리텔링을 할 때 화자를 고려하지 않는다. 당연하다. 화자는 대부분 '나'이기 때문이다.

하지만 화자가 꼭 '나'일 필요는 없다. 국어 수험서를 쓸 때, 우리는 독자들의 과외 선생님이 아니었다. 독자들에게 더 매력적으로 다가가기 위해 화자를 과외 선생님으로 설정했을 뿐이었다. 이렇듯 우리의 스토리가 향하는 타깃을 고려해서 화자를 설정해야 한다.

성인용 자전거만 팔다가 어린이용 자전거를 새로 론칭한 자전거 회사를 상상해 보자. 예전처럼 자전거의 기능, 디자인, 가격을 강조하는 것만으로는 판매가 충분치 않을 수 있다. 화자를 '어린이'로 바꿔보면 어떨까? "엄마, 아빠, 나도 친구들이랑 같이 자전거 타고 싶어요!"라는 문구를 보면 어린이용 자전거 구매를 고민하는 부모들의 마음이 더 쉽게 움직일 것이다.

이미 알려진 공식을 따라 관성적으로 스토리를 만들고 있지는 않은지, 전하고 있는 스토리가 지금의 화자와 잘 어울리는지 고민하자. 같은 내용일지라도 화자가 바뀌면 많은 것이 달라질 것이다.

1. 가성비를 중요시하는 소비 패턴과 알고리즘의 등장은 새로운 것보다는 검증된 것을 택하기를 요구한다. 익숙하되 지겹지는 않은 스토리, 이미 알고 있어서 더 흥미로운 스토리가 필요하다.

2. 아는 맛과 아는 맛을 더하면 더 맛있는 스토리가 탄생한다.

   ✓ 남들이 합칠 생각을 하지 못하는 요소들, 서로 이질적인 요소들을 더할 때 더욱 효과적이다.

   예 여행 예능과 쿡방 예능을 더한 나영석 PD, 이진주 PD의 〈윤식당〉

   예 히어로물과 청춘물을 더한 〈무빙〉

3. 익숙한 메뉴를 신선한 레시피로 만들 때 '새롭게' 느낄 수 있다.

✔ 익숙한 스토리에 변주를 주면 아는 맛의 안전함과 새로운 방식의 신선함, 두 마리 토끼를 다 잡을 수 있다.

✔ 익숙한 스토리에 변주를 주는 법은 두 가지다.

첫째, 등장인물을 바꾼다. 둘째, 화자를 바꾼다.

㉎ 신데렐라 스토리의 남자 주인공 역할과 여자 주인공 역할을 바꾼 〈눈물의 여왕〉

㉎ 화자를 '과외 선생님'으로 설정한 국어 수험서 『떠먹는 국어』 시리즈

7장

설명하지 마라,

세 줄 요약도 길다

우리는 단체로
집중력을 도둑맞았다

"누가 세 줄 요약 좀."

불과 3~4년 전까지만 해도 온라인 커뮤니티에 장황한 글이나 긴 영상이 올라오면 달리던 댓글이다. 하루에도 수많은 콘텐츠가 쏟아지는 온라인 세상에서 '짧고, 간결하고, 재밌는' 것은 큰 미덕이다. 이 사실을 증명하듯 하나의 밈으로 사용되던 "누가 세 줄 요약 좀"이라는 말도 이제 통용되지 않는다. 세 줄 요약도 긴 시대가 도래했기 때문이다.

문해력 저하, 집중력 저하, 인내력 저하 시대

글을 읽는다는 것은 아득한 신화 속 행위가 되어버렸다. 문화체육관광부가 2년마다 발표하는 '국민 독서 실태'에 따르면 2023년 기준 1년에 책을 한 권도 읽지 않는 성인이 57%로 절반을 넘어선다. 활자를 통해 습득하던 지식과 정보는 영상으로 대체되었다.

사람들은 이제 10여 권에 이르는 〈삼국지〉를 책 대신 한 시간으로 압축한 영상을 통해 이해하고, 카메라를 새로 사면 100쪽에 이르는 설명서가 아닌 내게 필요한 부분만 정리해 준 영상 콘텐츠를 보며 작동법을 학습한다.

그렇다면 영상으로 전달하는 것이 무조건 정답일까? 그렇지도 않다. 사람들은 활자 소비뿐만 아니라 영상 소비에서도 집중력 저하 양상을 보인다.

한 시간이 넘는 드라마나 영화를 누군가 요약한 영상으로 소비하는 것을 넘어서 그 요약마저 2배속이나 스킵 버튼을 눌러가며 본다. 20대의 절반가량이 배속 시청(1.5배속, 2배속)을 경험한 적이 있다는 통계만 보아도 글과 영상 가릴 것 없이 사람들의 인내심이 갈수록 짧아지고 있다는 사실을 알 수 있다.

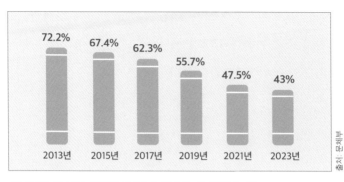

최근 10년간 종합 독서율 추이

72.2% 67.4% 62.3% 55.7% 47.5% 43%

2013년 2015년 2017년 2019년 2021년 2023년

출처: 문체부

종합 독서율: 최근 1년 내 종이책, 전자책, 오디오북 중 1권 이상 읽은 비율
오디오북은 2019년부터 포함

강력한 한 줄과 한 장면만이 스킵을 막는다

이러한 콘텐츠 소비 패턴에 익숙해진 소비자들이 인내력과 집중력을 요하는 긴 스토리텔링을 참아내기란 쉽지 않다. 문해력, 집중력, 인내력 저하의 시대에서 층위가 있는 긴 스토리텔링은 읽히지 않는다. **구구절절 설명하려 하면 사람들은 스킵 버튼을 찾을 것이다. 그래서 단 한 줄, 단 한 장면으로 나의 이야기를 전달해야 살아남는다.**

이번 챕터에서는 이 시대가 요하는 짧은 스토리텔링을 효과적으로 담아낼 수 있는 방법에 대해 살펴보자. 세 줄 요약도 길다 했지만, 안타깝게도 명확한 전달을 위해 세 줄보다는 길게 이야기해 보려 한다. 이 책을 읽고 있는 독자들은 활자 소비를 하는 43%에 해당하는 특별한 이들이기에, 끈기를 갖고 읽어주리라 믿는다.

단 한 줄로
시선과 마음을 빼앗아라

로그라인log line: 이야기의 방향을 설정하는 한 문장 또는
한 문장으로 요약된 줄거리

한 문장으로 나의 이야기를 표현하는 건 스토리텔링에서
언제나 중요한 일이다. 잘 기획된 콘텐츠는 요약된 한 문장
으로도 사람을 몰입시키고 다음 이야기를 궁금해하게 만든
다. 그래서 **영화건 드라마건 예능이건 제작자는 자신이 만들어**
갈 이야기를 한 줄로 표현해 보고 나아갈 방향을 잡는다. 이 한
줄을 콘텐츠 업계에선 '로그라인'이라 한다.

드라마 〈모범택시〉의 로그라인: 베일에 가려진 택시 회사 '무지개 운수'와 택시 기사 '김도기'가 억울한 피해자를 대신해 복수를 완성하는 사적 복수 대행극

영화 〈극한직업〉의 로그라인: 실적 바닥으로 내몰린 마약반 형사들이 잠복을 위해 시작한 치킨집을 의도치 않게 키워가다가 마약 조직을 검거하게 되는 수사 코미디

대중의 사랑을 받은 두 작품 모두 로그라인 한 문장만 읽어도 독특한 소재에 눈길이 가고 이야기를 어떻게 풀어나갈지 호기심이 생긴다.

좋은 로그라인은 그 자체로 관객, 독자, 시청자를 이끄는 마케팅 카피가 되기도 한다. 콘텐츠 마케팅에서 마케팅 카피를 만들어내는 것은 마케터에게 가장 어렵고 고민되는 일이다. 이때 콘텐츠의 설정과 차별성을 담고 있는 좋은 로그라인은 소비자를 끌어들이는 훌륭한 카피가 된다.

콘텐츠를 제작할 때나 팔 때나 나의 이야기를 한 줄로 담아내는 일은 매우 중요하다. 대중의 마음을 사로잡을 매력적인 한 줄은 어떻게 만들어야 할까? 다음 두 가지 방법만 기억하면 된다.

1. '역설'을 통해 이야기를 낯설게 만들기

2. 시대가 품은 욕망을 건드리기

잘 팔리는 웹소설 제목에는 '역설'이 있다

〈내 남편과 결혼해줘〉라니 이 얼마나 도발적인 한 줄인가. '나'라는 화자 시점에서 생각해 보자. '내 남편'이라 함은 '나'와 결혼한 남자를 의미한다. 그런데 내 남편과 결혼해 달라고 다른 누군가에게 부탁하고 있다. 앞뒤가 맞지 않는다. 도대체 무슨 이야기를 하려는 건지 궁금증을 참을 수 없고, 스쳐 지나가듯 보더라도 쉽사리 잊히지 않는 제목이다.

단 한 줄로 승부를 보려면 〈내 남편과 결혼해줘〉처럼 강렬하고 궁금증을 자아내야 한다. 그러기 위해선 '역설'만큼 좋은 무기가 없다.

문학에서 '역설'은 표면적으로는 모순되거나 부조리한 것 같지만, 그 표면적인 진술 너머에서 진실을 드러내고 있는 수사법을 뜻한다. 역설이 들어 있는 한 줄은 말이 되지 않기 때문에 낯선 느낌을 주고 뇌리에 박힌다. 또한 듣는 이로 하여금 그 한 줄에 담긴 의미나 의도를 생각하게 만든다.

역설을 사용함으로써 강렬하고 궁금한 한 줄을 만들어낼 수 있는 것이다.

웹소설 제목에는 몇 가지 경향이 있다. 그중 가장 두드러지는 것은 역설적 표현을 즐겨 쓴다는 점이다. 많은 웹소설 제목이 '어그로'라고 느껴질 정도로 역설적인 문장으로 독자들의 시선을 낚아챈다. 말이 되지 않는 상황과 소재를 전면에 내세워 호기심을 자극하고 독자로 하여금 이어질 전개를 상상하게 한다. 도무지 클릭하지 않고는 못 배길 역설적 제목들은 성공의 초석이 된다.

웹소설식 제목 짓기가 조금은 유난스러워 보인다고 느끼는 이도 있을 것이다. 하지만 **과잉 공급의 콘텐츠 시장에서 살아남고 싶다면 나의 이야기를 다르게 보여줄 수 있는 한 줄은 필수다. 그것이 제목이라면 더더욱.**

역설적인 제목 한 줄, 열 카피 안 부럽다

앞에서 잠깐 소개한 2020년 네이버에서 연재된 웹소설이자 2024년 tvN에서 방영된 드라마 〈내 남편과 결혼해줘〉는 역설적인 제목으로 시작부터 대중의 이목을 끌었다.

©NAVER

역설적 제목들로 클릭을 유도하는 웹소설 제목들

〈내 남편과 결혼해줘〉는 2021년 네이버에서 웹툰화가 되었을 때도 제목의 강점을 영리하게 이용했다. 흔한 콘텐츠 마케팅 방식을 따르지 않았다. 성공한 기존 IP에 의존하는 마케팅이나 대형 플랫폼의 위세를 앞세우지 않았다. 단지 〈내 남편과 결혼해줘〉라는 역설적인 제목을 마케팅 전면에 내세웠을 뿐이나.

이들은 도심 속 광고판 전면에 구겨진 흰 종이 위 연필로 쓰인 듯한 투박한 글씨체의 '내 남편과 결혼해줘'라는 문구만을 게시했다. 웹툰인지, 영화인지, 연재처가 어딘지, 언제 공개하는지, 그 어떤 설명도 부가 정보도 없이 오직 제목 하

〈내 남편과 결혼해줘〉 제목을 활용한 오프라인 광고들

나만으로 광고를 진행했다.

이 광고는 소비자의 궁금증을 일으키며 온라인에서 큰 화제가 되었다. 한 줄의 제목이 찾아보지 않고는 참을 수 없는 한 줄의 광고 카피가 된 것이다. 〈내 남편과 결혼해줘〉는 잘 지은 제목 한 줄이 그 어떤 광고 카피보다 강력하다는 사실을 증명했다.

시대의 결핍과 욕망을 건드리는 한 줄

"인생은 욕망이지 의미가 아니야. 욕망이야말로 삶의 원동력이지." 찰리 채플린의 영화 〈라임라이트〉에서 주인공 칼베로가 내뱉는 명대사다. 칼베로의 말처럼 인간은 욕망을 갖고 살아간다.

그렇기 때문에 매력적인 스토리텔링을 위해서는 인간이 가지고 있는 욕망을 자극하거나 대리만족시킬 수 있어야 한다. 단 한 줄로 이야기할 때도 마찬가지다. 대중은 지금 내가 바라는 것을 거울처럼 표현해 주는 한 줄에 끝까지 귀 기울인다.

이처럼 대중의 마음에 찰싹 달라붙는 강력한 한 줄을 만들기 위해서는 시대가 품은 욕망을 건드려야 한다. 사랑, 명예, 부 등 보편적인 욕망을 건드리는 걸로는 부족하다. 시대에 따라 대중이 갖는 결핍과 욕망은 변화한다. **바로 지금 대중이 절실하게 원하는 것이 무엇인지를 캐치해 한 줄로 만들어내는 것이 중요하다.** 여기에 능한 사람이 있다. 바로 김은숙 작가다.

〈파리의 연인〉〈도깨비〉〈더 글로리〉 등을 집필한 김은숙 작가는 자신의 이야기에 늘 시대의 욕망을 반영했다. 김은숙 작가의 작품에는 '계급'이 중요하게 다뤄지는데, 계급이라는 동일한 소재도 시대에 따라 작품별로 다르게 표현된다.

과거에 대중은 계급을 극복할 수 있는 대상으로 바라보았으며 계급 이동을 희망했다. 하지만 계층이 공고해지며

'개천용'이 나오기 어려워진 지금, 대중은 계급 이동을 포기하고 말았다. 대신 이 잘못된 구조를 깨부수고 바로잡기를 욕망하기 시작했다.

2004년에 방영된 〈파리의 연인〉은 당시 대중이 가지고 있던 계급 이동에 대한 욕망을 "애기야, 가자!"라는 한 줄로 저격했다. 재벌인 남자 주인공이 아무것도 가진 것 없는 여자 주인공을 위기에서 구하며 던진 대사로, 서민인 여자 주인공은 재벌을 만나 계급을 극복하고 상위 계급으로 올라간다.

반면 2023년 작품인 〈더 글로리〉는 계급 이동에 대한 욕망이 아닌 계급 구조에 대한 불만을 건드린다. "난 왕자가 아니라 나랑 같이 칼춤 춰줄 망나니가 필요하거든요"라는, 계급의 최하층에 있는 여자 주인공이 뱉는 대사를 통해 확인할 수 있다. '나를 상위 계급으로 올려줄 왕자는 필요 없다. 나는 시스템을 깨부수겠다'라는 의지를 보여주는 이 대사 한 줄에 대중은 대리 만족과 카타르시스를 느꼈다.

김은숙 작가는 변화하는 시대의 욕망을 놓치지 않고 이를 대사 한 줄에 담음으로써 대중의 마음을 얻었다. 시대의 욕망을 읽고 반영한 한 줄은 이처럼 강력하고 매력적이다.

김은숙 작가의 드라마 대사 변화

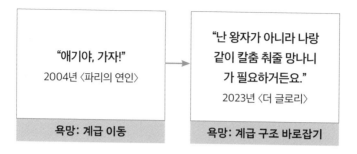

한 문장으로
직장인들의 성장 욕망을 자극한 '롱블랙'

'롱블랙'은 평균 8700자 정도의 긴 글을 구독자에게 하루에 하나씩 제공하는 유료 구독 서비스다. 유용한 국내외 비즈니스 사례나 트렌드에서 직장인들이 기획력을 키우고 통찰력을 얻을 수 있는 인사이트를 찾아 매일 한 편의 글로 전달한다.

긴 글에 누드러기를 일으키는 요즘 사람들에게 8000자 이상의 글은 시작부터 큰 장벽처럼 느껴진다. **그래서 이들은 자신들이 팔 8000자 넘는 이야기를 단 한 문장으로 제시한다. 그리고 그 한 문장에는 항상 욕망이 있다.** 롱블랙이 포착한 이 시대의 욕망은 '커리어'와 '성장'이었다.

한 줄로 '성장 욕망'을 자극하는 '롱블랙'의 SNS 홍보 카피들

33살의 나는
경력도 이력도
없었습니다.

시골 햄버거집에
연 8만 명이
방문하는 이유.

우연히
버스 옆자리에
앉은 사람과
사업을 하게 될 확률.

브랜드에
'나'를 담아내는 게
최고의 방법일 수
있습니다.

롱블랙을 창업한 임미진 대표는 "요즘 직장인은 누구나 자신의 일에 대한 불안감을 가지고 있다는 사실을 발견했다. 자신의 성장에 관심이 많은 사람을 위해 비즈니스 트렌드와 일에 대한 콘텐츠를 발행한 경험을 바탕으로 현재의 회사를 창업했다"라고 이야기했다.

'평생 직장'이 더 이상 없는 시대에 평범한 직장인들이 느끼는 커리어에 대한 불안감을 캐치한 롱블랙은 직장인들의 성장 욕망을 자극한다. 이들이 제시하는 콘텐츠를 받아들이면 더 나은 커리어 혹은 미래를 위한 명확한 솔루션을 얻을 수 있으리란 희망을 심어준다. 뉴스레터, 인스타그램, 카카오톡 채널 메시지, 홈페이지를 통해 전달되는 이 한 줄은 성장 욕망을 부추기고 구독에 대한 니즈를 자극한다.

욕망이 없는 사람이 없듯, 욕망이 없는 시대도 없다. 이 시대의 욕망을 예민한 시선으로 캐치하고 이를 한 줄에 담을 수 있어야 한다. 생각해 보자. 당신의 이야기는 현시대의 어떤 욕망을 자극할 수 있을까?

한 줄도 길다,
단 한 장면으로 승부를 보자

2015년 마이크로소프트 연구진의 연구 결과에 따르면 인간은 8초의 집중력을 갖고 있다고 한다. 그러나 8년이 지난 지금 우리는 8초는커녕 2초 안에 자극을 느끼지 못하면 집중력을 잃고 스크롤을 내려버린다.

인스타그램 릴스, 틱톡, 유튜브 쇼츠와 같이 60초 숏폼 소비에 익숙해진 소비자들은 평균적으로 2초 안에 콘텐츠의 가치를 판단한다. 시간을 들여서 볼 만한 흥미로운 콘텐츠인지, 스크롤해서 넘겨도 될 콘텐츠인지 하루에도 수십 번씩 결정한다. **이제는 나의 콘텐츠가 볼 만한 콘텐츠임을 2초 안**

에 증명해야 한다.

그러다 보니 한 줄의 글도 길다. 단 한 장면, 단 한 컷으로 승부를 내야 한다. 공감할 수 있는 한 컷으로 단숨에 마음을 사로잡거나 밈을 활용한 한 컷으로 시선이 머무를 수 있게 해야 한다. 다음 두 가지를 유념하자.

1. 공감 한 컷으로 마음을 무장 해제하기
2. 밈 한 컷으로 시선 붙잡기

2초 안에 사람의 마음을 사로잡는
공감 한 컷

온라인을 뜨겁게 달군 다음 페이지의 투표를 본 적이 있는가? 이슈에 따라 다른 후보들은 바뀌지만, 항상 바뀌지 않는 한 사람이 있다. 이제는 우리에게 '친근한 형'이 되어버린 삼성전지의 이재용 회장이다.

이재용 회장이 1년여의 수감 생활 뒤, 집에 돌아가자마자 치킨을 배달시켜 먹었다는 기사를 기억할 것이다. 당시 자택 근처에서 잠입 취재 중이던 기자들과 유튜버들이 포착한

화제가 된 걸그룹 멤버 vs. 재벌 총수 투표

힘들다며 울면서 나와달라는 걸그룹 멤버 A	15%
애교 부리며 줄 거 있다고 나와보라는 걸그룹 멤버 B	6%
고백할 게 있다며 나와줄 수 있느냐는 걸그룹 멤버 C	6%
좋은 소식 있는데 들을 거냐는 이재용	72%

배달 오토바이의 모습이 온라인에서 빠르게 확산되었다.

대중은 '나와 다르지 않은 재벌'의 모습에 웃음을 터뜨렸고 공감했다. 미디어를 통해 연이어 포착된 재벌답지 않은 소탈한 면모에 더욱 친근감을 느낀 대중은 각종 SNS를 통해 이재용 회장을 '동네 형'처럼 캐릭터화하기도 했다.

공감은 사람의 마음을 무장 해제한다. 그것이 사진 한 장, 영상 한 컷일지라도 나와 다르지 않다고 받아들인 순간, 국내 부호 1위의 재벌 총수도 '동네 형'이 될 수 있다. 대중은 나의 이야기라고 공감하고 마음을 연 순간, 이어지는 어떤 이야기도 즐기며 기꺼이 몰입한다.

2초 안에 다음 콘텐츠로 넘어갈 준비를 하고 있는 대중의 차가운 마음을 붙잡을 방법은 의외로 심플하다. 공감으로 무장을 해제시키자. **대중의 마음을 열려면 '공감'할 수 있을 요소를 빠른 직구로 던져줘야 한다.**

2초 안에 맥도날드의 문화적 위용을 납득시킨 '특별 출연 캠페인'

정장 차림의 지배인이 문을 열자 맥도날드를 상징하는 노란색과 빨간색의 네온사인과 'M' 로고가 눈앞에 펼쳐진다. 집 안에 자신만의 전용 맥도날드가 있어 어린이 관객들의 부러움을 샀던 맥컬리 컬킨 주연의 영화 〈리치 리치〉 속 한 장면이다.

2초 만에 신이 바뀐다. "어서 오세요, 맥도날드입니다. 주문 도와드릴까요?" 코미디 영화 〈블랭크맨〉의 주인공이 히어로의 삶을 포기하고 맥도날드 직원으로 취업한 장면이 이어진다. 그러고는 〈프렌즈〉〈타락천사〉〈더 오피스〉〈제5원소〉〈로키〉 등의 작품 속 맥도날드와 관련이 있는 컷이 작품당 2초씩 지나간다.

2초 안에 메시지 전달에 성공한 맥도날드의 '특별 출연 캠페인'

이 영상은 맥도날드의 '특별 출연As Featured In Meal 캠페인' 영상이다. 2023년 맥도날드가 진행한 이 캠페인은 1980년 대부터 2020년대까지 17개의 전 세계를 휩쓴 영화, 드라마, 애니메이션에서 맥도날드가 등장한 장면들을 소개하는 글로벌 캠페인이다. 창립 35주년을 맞이한 맥도날드는 해당 캠페인을 통해 맥도날드라는 브랜드가 오랜 시간에 걸쳐 소비자의 일상과 문화 속에 언제나 함께해 왔다는 메시지를 전달하고자 했다.

특별 출연 캠페인 영상은 2초 안에 '공감'할 수 있는 스토리텔링 구조로 전 세계 100여 개 국가 소비자의 마음을 무장 해제했다. 2초에 한 번씩 소비자들은 '내가 과거 사랑했던 TV 시리즈 〈프렌즈〉에도 맥도날드가 함께 있었지' '맥컬리 컬킨 집에 맥도날드가 있는 장면을 보며 부러워했었는데' '〈제5원소〉를 보며 미래에는 하늘을 나는 자동차에 올라타 맥도날드 드라이브스루를 즐길 수 있을 거라 상상했었지' 등의 추억을 떠올리고 공감을 하게 된다.

특별 출연 캠페인이 추억과 공감을 자극한 덕분에 소비자들은 2초 안에 자연스레 맥도날드의 문화적 위용과 역사를 느낄 수 있다. 그리고 이렇게 한 번 공감한 순간 소비자는 '우리의 삶 속에 언제나 함께해 온 맥도날드'라는 캠페인의 본론을 거리낌 없이 받아들이게 된다.

공감을 이끌어낸 한 컷의 스토리텔링은 난숨에 사람들을 집중시켰다. 이처럼 나의 이야기를 전달할 때도, 물건을 팔기 위한 캠페인을 기획할 때도 공감 한 컷으로 사람들의 마음을 먼저 열어야 한다.

'밈'을 썼더니 메시지 전달이 쉽잖아,
완전 럭키비키잖아

'밈'은 문화적으로 관련된 사람들의 생각과 감정을 나타내는 이미지, 소리, 문자, 혹은 영상이다. 그 어떤 것도 밈이 될 수 있다. 쉽게 말해 아는 사람끼리 공유하는 언어다.

그래서 밈을 사용하면 새롭고 낯선 것 또한 친근하게 다가온다. 약속된 언어이기에 구구절절한 설명이 필요 없고 맥락이 쉽게 읽힌다.

2024년 상반기를 휩쓴 '원영적 사고' 밈은 어떠한 부정적인 상황에서도 긍정의 힘을 잃지 않는 아이돌 가수 장원영의 사고와 마음가짐을 의미한다. 빵집에 들른 장원영이 "앞사람이 사려던 빵을 다 사 가서 너무 럭키하게 새로 갓 나온 빵을 받게 되었다"라며 기뻐하자, 이를 본 팬이 장원영의 긍정적인 사고방식에 '원영적 사고'라는 이름을 붙이며 밈이 되었다. 이 밈의 포인트는 장원영의 영어 이름인 '비키'를 활용해 붙인 마무리 멘트, '완전 럭키비키잖앙'이다.

한국경제 기사로 소개된 '원영적 사고'

'원영적 사고' 밈을 학습한 우리는 이 밈을 적용한 다른 이야기도 쉽게 이해할 수 있다. 다음 예시를 보자.

플레이오프에서 우리 팀이 떨어지다니, 지출할 뻔한 티켓 값을 아낄 수 있잖아! 이 돈으로 마라탕 사 먹을 수 있겠네. 완전 럭키롯데잔앙!

본인이 응원하는 팀이 플레이오프에서 떨어지자 분노한 팬이 본인의 끓어오르는 마음을 다스리기 위해 쓴 글이다. '원영적 사고' 밈을 안다면 구구절절 설명하지 않아도 단박에 이해된다. 이처럼 **밈은 대중이 친근하고 쉽게 메시지를 받아들일 수 있게 해준다.**

밈을 썼더니
낯선 충주시 이야기도 눈길이 가더라

공무원이자 유튜버인 '충주맨'의 유튜브 섬네일을 보면 대한민국의 시류를 읽을 수 있을 정도로 최신 밈이 가장 빠르게 반영되어 있다. '민희진 기자회견'이나 '전청조 사건'

'피프티피프티 사태'처럼 대한민국을 떠들썩하게 했던 사건들이 한눈에 보인다.

 '충주시 이재용' '전충주' 등 밈을 활용한 콘텐츠가 업로드되는 충주시 유튜브

충주시를 홍보하기 위한 '충주맨'의 유튜브 채널은 역설적이게도 충주시를 알린다는 메시지에 집착하지 않는다. 섬네일에는 언제나 최신 밈을 사용한다. 지금 대중이 몰입하여 즐기고 있는 친밀한 밈이 전면에 나서니 클릭할 수밖에 없다.

'충주맨'이 충주시를 홍보하기 위해 영상을 만드는 것처럼 우리도 특정한 메시지 전달을 위해 스토리텔링을 할 때가 많다. 하지만 메시지를 전달하고 싶다고 반복하고 강조한들 2초 안에 선택받지 못하면 아무런 소용이 없다.

대중은 자신이 알고 즐기는 친근한 밈을 활용한 콘텐츠에 너그럽다. 그리고 자신도 모르게 콘텐츠의 메시지를 받아들인다. **밈은 메시지 전달이라는 본론으로 가기 위해 대중의 마음에 먼저 스며드는 효과적이고 전략적인 서론이다.**

'충주맨'은 스토리의 메시지에 집착하지 말아야 한다고 말하며 이렇게 덧붙였다. "정보 전달에 집착하지 않는 순간

기획의 폭이 굉장히 넓고 자유로워진다. 기존 기관들이 그렇게 집착했던 정보 전달이라는 허황된 고집에서 벗어나는 순간 신세계가 펼쳐지는 셈이다."

스토리텔링을 할 때 무거운 메시지에 집착하지 말고 대중이 즐기는 시류인 밈에 먼저 올라타 보자. 훨씬 더 많은 사람들이 당신의 메시지에 관심을 보일 것이다.

'NEW' 스토리 코드 7

1. 문해력 저하, 집중력 저하, 인내력 저하 시대다. 대중은 더 이상 긴 스토리텔링을 참을 수 없다.

2. 콘텐츠를 제작할 때든 팔 때든 나의 이야기를 한 줄에 담아내는 작업이 필요하다. 매력적인 한 줄의 스토리텔링을 해야 한다.

   - ✓ 열 카피 안 부러운 역설적인 제목 한 줄을 만들어라. 잘 팔리는 웹소설 제목에는 '역설'의 한 문장이 있다.

     예 카피보다 강력한 제목 〈내 남편과 결혼해줘〉

   - ✓ 시대의 욕망을 건드리는 한 줄이 성공한다. 대중이 절실하게 원하는 것이 무엇인지 캐치해 한 줄에 담아내자.

     예 시대의 욕망을 담은 김은숙 작가의 대사들

     예 한 줄로 직장인들의 성장 욕망을 자극한 '롱블랙'

3. **릴스, 틱톡, 쇼츠에 익숙해진 소비자들은 2초 안에 콘텐츠의 가치를 판단한다. 즉 한 줄의 설명도 길 때가 있다. 단 한 장면, 한 컷으로 승부를 내야 한다.**

   ✔ 공감 한 컷으로 대중의 마음을 무장 해제시키자.

   ⑩ 추억과 공감을 자극한 맥도날드의 '특별 출연 캠페인'

   ✔ '밈' 한 컷으로 대중의 시선을 붙잡자.

   ⑩ 밈을 총집합한 '충주맨'의 섬네일

8장

리얼하지 마라,

리얼하다고 믿게 하라

'주작'인지 아닌지
눈을 부릅뜨고 지켜보는 세대

요즘 스토리텔링에서 가장 중요한 덕목을 하나만 꼽자면 '리얼'이 아닐까 싶다. 진정성이 있는지, 개연성은 충분한지에 따라 스토리를 받아들이는 사람들의 몰입도와 호응이 달라진다. 상품이든 광고든 콘텐츠든 스토리를 필요로 하는 것이라면 리얼해야만 한다.

리얼함이 곧 미덕이다

리얼함이 곧 미덕인 지금, KCC 스위첸 광고의 스토리텔링은 단연 돋보인다. 이 광고는 결혼 4년 차 부부의 리얼한 실생활을 보여준다. 집에서 쉬고 싶어 하는 남편과 나들이를 가고 싶어 하는 아내, 에어컨을 껐으면 하는 아내와 에어컨을 끄기 싫은 남편 등 부부라면 한 번쯤 겪어봤을 법한 일상적인 순간들을 조명한다.

수많은 사람이 이 광고에 찬사를 보냈다. 유튜브 조회수는 무려 3600만 회를 넘겼고, 광고로는 드물게 시즌 2가 제작되기도 했다.

이 광고가 인기를 끈 비결은 '리얼함'에 있다. 실제 4년 차 부부의 삶을 들여다본 것만 같은 리얼한 광고에 기혼들은 공감했고, 미혼들은 신기해하고 재미있어했다. 광고의 내용은 어찌 보면 평범하고 특별할 것 없다. 그러나 이 별것 없어 보이는 내용은 엄청난 성공을 거뒀다. 요즘의 스토리텔링에서 '리얼'이 가장 강력한 무기이며 매력적인 재료임을 시사하는 결과다.

4년 차 부부의 실생활을 리얼하게 보여준 KCC 스위첸 광고

댓글이 3000개가 달릴 만큼 좋은 반응을 얻은 KCC 스위첸 광고 영상

　예능의 트렌드도 크게 다르지 않다. 연예인의 사생활을 있는 그대로 보여주는 관찰 예능, 출연자의 내면을 밑바닥까지 끄집어내는 연애 프로그램과 서바이벌 프로그램이 인기를 끌고 있다. 가히 '리얼리티 프로그램 전성시대'다.

　기안84가 출연한 〈태어난 김에 세계일주〉는 '리얼'이라는 트렌드에 발맞춘, '리얼리티 끝판왕' 프로그램이라고 할 수 있다. 이 프로그램에서 기안84라는 자유롭고 규범에 얽매이지 않는 인물은 자신의 방식대로 여행을 즐긴다. 갠지스강

리얼리즘 끝판왕 프로그램 〈태어난 김에 세계일주〉

물을 떠서 맛보기도 하고, 비가 쏟아지자 웃옷을 벗고 비를 즐기기도 한다.

〈태어난 김에 세계일주〉는 기안84의 리얼함을 더 잘 보여주는 방향으로 제작된 영리한 프로그램이다. 저자는 〈태어난 김에 세계일주〉 기획 초기에 함께했는데, 이때부터 김지우 PD가 설정한 핵심 테마는 '리얼'이었다.

김지우 PD는 기안84와 자주 만나 여행에 대해 이야기하며 그가 정말 좋아할 만한 곳으로 여행지를 결정했다. 여행지에 도착해서도 제작진은 기안84에게 무언가를 지시하거나 연출하지 않았다. 단지 기안84가 원하는 여행을 할 수 있도록 서포트하는 데 최선을 다했다.

기안84의 자연스러운 모습을 이끌어내기 위해 카메라 대수와 스태프 인원도 최소화했다. 해외 촬영은 변수가 많고, 망했다고 다시 찍기도 어렵다. 그럼에도 〈태어난 김에 세계일주〉 팀은 '촬영 규모의 경량화'라는 결단을 내렸다. 출연자를 찍는 카메라가 많아질수록, 출연자를 바라보는 스태프가 많아질수록 자연스러움과는 멀어진다는 사실을 잘 알았기 때문이다.

지금 세상에 '100% 리얼'이라는 게 있을까?

〈태어난 김에 세계일주〉와 같이 출연자의 리얼한 모습을 최대한 끌어내려는 예능이 늘고 있다. 실제로 제작진의 작위적인 설정이나 대본대로 진행하는 '대본 플레이'가 상당히 줄었다. 예능뿐만 아니라 드라마, 영화, 광고, 그리고 유튜브의 스케치 코미디까지 모든 스토리텔링이 리얼을 추구한다.

하지만 의심이 생긴다. 어디까지가 리얼이고 어디서부터 리얼이 아닌 걸까? 드라마, 영화, 광고 등은 각본이 있으니 리얼한지 아닌지 따질 것도 없다.

그럼 대본이 없는 리얼리티 예능은 100% 리얼일까? 리얼을 추구한다고 해서 제작진이 아무런 구성도 없이 촬영에 나서진 않는다. 출연자도 언제나 리얼할 수는 없다. 시청자 반응이나 제작진의 의도 등을 고려해서 때때로 자신의 의지와는 다르게 행동한다.

심지어 이런 경우도 있다. 모든 것이 딱딱 맞아떨어져 제작진과 출연자 모두 감탄이 터져 나오는 상황이 만들어졌다. 대본도 아니고, 제작진이 만들어낸 것도 아닌데 "저거 '주작'이네" "100프로 대본인데"라는 반응이 나오기도 한다. 그럴 수 있다. 이제껏 여러 프로그램에서 대본이나 편집을 통해 리얼을 가장해 왔으니까. 아무튼, 이건 진짜 리얼이고 실제 상황이라고 강조를 해도, 받아들이는 입장에서는 진짜 리얼인지 가짜 리얼인지 알아챌 방도가 없다.

결론은 이렇다. '진짜 리얼'이란 없다. 심지어 진짜 리얼이라고 하더라도 받아들이는 입장에서는 그것이 진짜 리얼인지 알 수 없다. 이러면 오히려 쉬워진다. 정말 리얼하게 만들었는지 아닌지는 중요하지 않다. 리얼하게 만드는 것에 집착하지 말자. 그보다는 **콘텐츠를 지켜보는 시청자가, 스토리를 감상하는 대중이, 상품을 사용하는 소비자가 이것을 리얼하다고 믿게 하는 것이 중요하다.**

캐릭터로
콩깍지 씌우기

'콩깍지가 씌었다'라는 표현이 있다. 사랑에 빠져 상대를 제대로 판단하지 못하고 좋게만 보는 것을 일컫는다. 스토리도 리얼하게 보이게끔 콩깍지를 씌울 수 있는 방법이 있다. 비법은 사랑…이 아니고 '캐릭터'에 있다. **스토리를 리얼하게 만드는 가장 간단한 방법은 매력적이고 입체적인 캐릭터를 만드는 것이다.**

캐릭터가 곧 개연성이고 리얼이다

스토리를 리얼하게 만드는 가장 간단한 방법은 매력적이고 입체적인 캐릭터를 만드는 것이다. 일반적으로 사람들은 등장하는 캐릭터의 입장에서 스토리를 바라본다. 주인공이 고통을 받을 때면 나도 고통스럽고, 주인공이 성공을 거두면 나도 따라서 뿌듯해지는 식이다. 캐릭터에 이입하면 이입할수록 스토리에 대한 몰입은 커진다.

캐릭터에 빠져들어 스토리에 몰입한 순간부터 리얼에 대한 사람들의 기준점은 크게 낮아진다. 캐릭터에 집중하면 그 외적인 것에 대한 시야가 좁아지기 때문이다. **또한 생동감 있는 캐릭터는 서사와 배경에도 현실감을 부여한다.** 서사와 배경을 아무리 탄탄하게 세팅해 놓아도 죽어 있는 캐릭터를 살릴 수는 없다. 하지만 좋은 캐릭터는 죽어 있는 배경과 서사를 살릴 수 있다.

이전 장에서 다뤘던 드라마 〈눈물의 여왕〉이 좋은 사례다. 〈눈물의 여왕〉에는 기억상실, 출생의 비밀 등 리얼과는 거리가 먼 서사가 다수 등장한다. 하지만 어수룩하지만 귀엽고 사랑스러우며 알면 알수록 '사기캐'인 백현우와 차갑고 신경질적이지만 백현우만 바라보는 해바라기이자 '츤데

레'인 홍해인 등 입체적이고 매력적인 캐릭터들이 스토리에 몰입하게 만든다.

리얼해지기 위해 스토리의 특정한 요소 하나에 집중해야 한다면 그것은 반드시 캐릭터여야 한다. **그리고 매력적이고 입체적인 캐릭터를 만들고 싶다면 두 가지를 부여해야 한다. 하나는 '욕망', 다른 하나는 '결핍'이다.**

캐릭터를 움직이게 하는 힘, 욕망

욕망은 캐릭터를 움직이게 하는 힘이다. 우리의 삶도 마찬가지이지만, 캐릭터도 삶의 목적과 목표가 있어야 한다. 목적과 목표가 없다면 그 캐릭터는 죽은 것이나 마찬가지다. **캐릭터의 욕망은 목적과 목표를 만들어주고, 이는 캐릭터와 스토리를 리얼하게 보이도록 한다.**

단, 욕망은 일관되고 구체적이어야 한다. 사실 우리의 욕망은 여러 가지이며 서로 상충되기도 한다. 살을 빼고 싶지만 맛있는 것도 먹고 싶고, 집에 있고 싶지만 밖에 나가서 친구를 만나고도 싶다. 그래서 스토리가 정말 현실적이려면 캐릭터는 여러 욕망 속에서 번뇌하고 갈팡질팡해야 한다.

하지만 사람들은 갈팡질팡하는 캐릭터를 보면 일관성이 없고 오히려 리얼하지 않다고 말한다. 〈범죄도시〉의 마석도 형사를 떠올려보자. 마석도 형사의 욕망은 단순하다. 나쁜 놈들을 잡는 것이다.

마석도 형사에게 성공적인 수사와 범죄자의 인권 둘 중 하나를 선택하라고 하면, 뒤도 보지 않고 성공적인 수사를 택할 것이다(다들 알겠지만 마석도 형사는 수사를 위해서라면 범죄자들에게 약간의 폭력도 불사하는 인물이다). 그런 캐릭터가 특정 상황에서 수사보다 범죄자의 인권을 우선시한다면 관객들은 의아해할 것이다. 실제 인물이라면 상황에 따라 충분히 할 수 있는 선택임에도 불구하고 말이다.

우리가 원하는 것은 '스토리가 얼마나 리얼하느냐'가 아니다. '스토리가 얼마나 리얼하게 보이느냐'다. 사람들은 때때로 비논리적이고 비이성적으로 움직이지만, 스토리를 대할 때는 한 발짝 떨어져 있는 만큼 논리적이고 이성적으로 바라본다. 그렇기 때문에 일관되고 구체적인 욕망이 필요하다.

노파심에 덧붙이자면 어떤 스토리에서는 캐릭터의 욕망이 일관되지 않고 바뀌기도 한다. 돈이나 성공밖에 모르던 사람이 사랑 때문에 모든 것을 포기하는 내용의 영화나 드라마를 한두 편쯤은 알고 있을 것이다.

이처럼 캐릭터의 욕망이 바뀌는 스토리를 보여주고 싶다면 반드시 납득할 만한 터닝 포인트를 만들어야 한다. 우리가 기억하는 영화나 드라마 속 주인공의 욕망도 누군가를 만나 사랑에 빠지는 터닝 포인트가 있었기 때문에 바뀔 수 있었다.

아프니까 리얼이다

캐릭터를 만들다 보면 캐릭터의 장점과 능력을 먼저 생각하기 마련이다. 하지만 잘나기만 한 캐릭터에게는 매력도, 리얼함도 없다. 어딘가 부족하거나 상처 입은 구석이 있어야 한다. 사람이 완벽할 수 없는 것처럼, 완벽한 캐릭터도 있을 수 없다.

결핍이 있는 캐릭터에게는 인간미가 있다. 캐릭터의 결핍은 보는 이와의 거리감을 좁히고 공감과 연민을 불러일으킨다. 또한 결핍은 욕망을 더 리얼하게 만들기도 한다.

결핍과 욕망은 분리될 수 없다. 부족한 것, 갖지 못한 것이 있다면 자연스레 그것을 갈구하거나 그런 상태에서 벗어나려고 한다. 그렇기에 결핍은 욕망에 개연성과 당위성을 부여한다.

이때 결핍은 강력하고 쉽게 극복할 수 없어야 한다. 사실 우리는 모두 결핍을 가지고 있지만, 어떤 결핍은 가볍고 쉽게 극복할 수 있다. 하지만 스토리텔링에서의 결핍은 그래서는 안 된다. 캐릭터가 겪는 고통은 나의 고통이 아니기 때문에 쉽사리 공감하기 어렵다. 그래서 스토리를 관망하고 있는 사람에게도 와닿을 만큼 극복이 힘들고 크리티컬한 결핍이어야만 한다. 그래야 보는 사람도 스토리가 리얼하다고 느낄 수 있다.

캐릭터의 결핍을 설명하기에 드라마 〈나의 아저씨〉의 주인공 이지안(이지은 분)만큼 적절한 사례도 없을 것이다. 이지안은 부모가 남기고 간 빚으로 인해 사채업자에게 시달리고 있으며 거동이 힘든 할머니와 단둘이 지낸다. 정당방위이긴 하지만 사채업자를 죽인 경험도 있고, 도와주던 사람으로부터 버림받은 경험도 있다. 이지안은 불우한 자신의 처지에서 탈출하기 위해서라면 그 어떤 일도 꺼리지 않는다. 실제로 이지안은 돈을 위해 무고한 박동훈(이선균 분)을 도청하고 함정에 빠트리려 한다.

짧은 요약만 봐도 너무나도 강력하고 쉽게 극복할 수 없

강력한 결핍을 가진 〈나의 아저씨〉의 주인공 이지안

는 결핍을 가지고 있는 캐릭터임을 알 수 있다. 〈나의 아저씨〉 시청자들은 이지안의 결핍을 바라보며 연민을 느끼고, 마치 실제 이야기를 보는 것처럼 빠져든다.

　이지안은 불우한 처지에서 탈출하기 위해 돈을 욕망한다. 이지안의 욕망은 속물적이고, 그로 인한 행동도 바람직하지 않다. 하지만 〈나의 아저씨〉를 본 누구도 이지안을 쉽게 손

가락질하지 않는다. 이지안의 결핍이 욕망에 개연성과 당위성을 가져왔기 때문이다. 이처럼 잘 세팅된 결핍은 캐릭터의 욕망과 전체 스토리를 리얼하게 만든다.

스토리를 리얼하게 만들기 위해서는 무엇보다도 캐릭터에 신경 써야 한다. 이를 위해서는 욕망과 결핍이 필요하다. 욕망과 결핍을 가진 캐릭터를 만들어냈다면, 캐릭터로 콩깍지 씌울 준비는 완료다.

디테일이
리얼을 만든다

"매너가 사람을 만든다Manner, Maketh, Man."

영화 〈킹스맨〉의 명대사를 빌려와서 리얼한 스토리텔링에 적용해 보면 다음과 같은 문장을 만들 수 있다.

"디테일이 리얼을 만든다Detail, Maketh, Real."

그렇다. **디테일이 리얼을 만든다. 이야기를 더욱 리얼하게 만들어주는 핵심적인 요소가 바로 '디테일'이다.** 현실 속 디테일이 스토리에 살아 숨 쉰다면 가상의 이야기라 할지라도 진짜처럼 느낄 수 있다. 지금부터 디테일이 어떻게 리얼을 완성하는지 알아보자.

'**K-리얼리티**'는 봉테일에 있다

영화 〈기생충〉으로 아카데미 4관왕을 차지하며 세계적인 감독 반열에 오른 봉준호 감독은 '봉테일(봉준호+디테일)'이라는 별명으로 잘 알려져 있다. 그가 연출자로서 가진 수많은 강점 중에서 유독 디테일이 주목받는 이유는 바로 그것이 바로 봉준호 월드의 현실성, 즉 리얼리티를 더욱 부각시키기 때문이다.

〈살인의 추억〉 오프닝에 등장하는 '논두렁 롱테이크 신'은 80년대 한국의 현실을 디테일하게 보여준다. 시체가 있는 살인 사건 현장을 동네 아이들이 뛰어다니고, 범인의 족적을 경운기가 밟고 지나간다. 이 난장판 속에서 시골 형사 박두만(송강호 분)이 찰진 욕을 날리며 고군분투하는 장면은 당시 한국의 수사 여건이 얼마나 열악했는지를 한눈에 보여준다. 이러한 디테일 덕분에 작품의 리얼함은 더욱 부각되고, 관객들은 주인공인 박두만에게 바로 몰입하게 된다.

당신은 지금 어디에 있는가

살인의추억

송강호, 김상경 감독 봉준호

©CJ엔터테인먼트, 싸이더스

봉준호 감독의 디테일이 돋보이는 명작 〈살인의 추억〉

봉준호 감독은 이야기 속에서 일어나는 상황이나 사건들의 디테일뿐만 아니라 세세한 소품들, 대사 속 단어나 용어 하나까지 허투루 보지 않고 리얼리티를 살리기 위해 치열하게 고민한다. 디테일에 대한 이런 섬세한 고민이 있었기에 전 세계를 사로잡은 'K-리얼리티'가 탄생할 수 있었다.

그렇다면 어떤 디테일이 이야기를 더욱 리얼하게 느껴지

게 만들까? **리얼함을 살려주는 디테일에는 '특정성'이 있어야 한다. 특정성이 있는 디테일이란 모두가 흔히 알고 있는 일반적인 디테일에서 그치지 않고, 한 걸음 더 깊이 들어가서 짚어내는 특별한 디테일을 의미한다.**

예를 들어 "어떤 음식을 좋아하냐"는 질문에 "빙수요"라고 답한다면 디테일한 답변이라고 볼 수 있다. 한식, 중식, 일식보다 훨씬 구체적이니까. 하지만 "신라호텔 망고빙수요"라는 대답에는 한 걸음 더 깊이 들어간 특정한 디테일이 있다. 리얼한 스토리를 만들기 위해 우리는 '신라호텔 망고빙수'를 추구해야 한다. 이제부터는 디테일의 특정성을 잘 보여주는 사례들로 리얼리티를 살리는 섬세한 스토리텔링에 대해 알아보도록 하자.

특정한 디테일로 소환하는 '응답하라' 세대

학창 시절의 추억을 자극하는 tvN 〈응답하라〉 시리즈는 〈응답하라 1997〉 〈응답하라 1994〉 〈응답하라 1988〉 세 편 모두 큰 성공을 거뒀다. 이 시리즈가 시청자들에게 많은 공감을 불러일으킬 수 있었던 가장 큰 이유는 바로 그 시절의

디테일한 스토리로 추억을 자극하는 〈응답하라〉 시리즈

특정한 디테일을 잘 구현해 냈기 때문이다.

〈응답하라〉 시리즈는 1997년, 1994년, 1988년에 학창 시절을 보냈던 사람들이라면 잘 알고 있을 만한 사회적 사건이나 문화 현상을 주요 배경으로 삼았다. 〈응답하라 1997〉에서는 세기말에 붐을 일으켰던 아이돌 팬덤 문화를 전면에 내세웠고, 〈응답하라 1988〉에서는 서울올림픽 개최가 주요한 배경이 되었다. 하지만 〈응답하라〉 시리즈는 이와 같은 일반적인 디테일에 그치지 않고 한 단계 더 나아간 특정한 디테일을 보여주었다.

〈응답하라 1997〉은 주인공 성시원(정은지 분)에게 그룹 H.O.T.의 소녀 팬이라는 일차원적인 설정을 넘어서 '안승 부인(H.O.T. 멤버 토니 안의 본명인 '안승호'의 부인이라는 뜻)'이라는 덕후 냄새 물씬 나는 닉네임을 붙여주었다. 그리고 1997년 연말 시상식에서 실제로 벌어졌던 젝스키스 팬들과 H.O.T. 팬들 간의 갈등, 즉 '하얀 우비 vs. 노란 우비'의 빗속 혈투까지 재현하며 디테일의 특정성을 살렸다. 이는 시대적 리얼리티를 높이는 역할을 하며 시청자들을 몰입시켰다.

〈응답하라 1988〉 역시 서울올림픽을 단순히 시대적 배경으로만 다루지 않고, 주인공 성덕선(혜리 분)이 '개막식 피켓걸'로 참여하게 되었다는 한 걸음 더 들어간 디테일을 보여주었다. 게다가 덕선의 담당 국가였던 마다가스카르가 외교 관계로 올림픽에 불참하면서 피켓 걸 참여가 무산된다는 특정한 디테일까지 더하며 스토리는 더더욱 리얼해졌다.

'변우석 신드롬'을 일으킨 드라마 〈선재 업고 튀어〉 역시 특정한 디테일을 잘 녹여내며 시청자들의 큰 사랑을 받았다. 〈응답하라〉 시리즈의 다음 시대인 2000년대를 배경으로 하는 이 작품도 단순히 당시 인기 있던 가수들과 운동선수를 등장시키는 것 이상의 특정한 디테일들을 보여준다.

2000년대 대표 SNS였던 '싸이월드'는 이 드라마에서 주인공들이 서로 소통하고 관계를 맺는 주요 메신저로 등장한다. 하지만 싸이월드의 활용은 일촌 신청이나 방명록처럼 이미 대중에게 잘 알려져 있는 일반적인 디테일에서 그치지 않는다.

주인공 류선재(변우석 분)는 숙적 김태성(송건희 분)의 미니 홈피를 몰래 염탐하다가 '방문자 이벤트'에 당첨되면서 염탐 사실을 들키게 되고, 태성은 신새에게 '도토리 선물'과 함께 "구경 잘했냐?"라는 쪽지를 보내면서 쐐기를 박는다. 이 장면에는 시대적 배경을 보여주는 적당한 디테일뿐만 아니라 이야기에 녹아드는 특정한 디테일까지 들어 있다. 그래서 시청자의 공감과 몰입도가 커지는 것이다.

디테일로 공감과 몰입을 살린 〈선재 업고 튀어〉

이처럼 일반적인 디테일을 넘어선 특정한 디테일은 그 시절을 보냈던 사람들에게는 더욱 큰 공감을 느끼게 하고, 그 시절을 모르는 사람들에게는 리얼한 대리 경험을 선사한다. 그러니 리얼한 스토리텔링을 원한다면 대중이 알고 있는 일반적인 수준에서 멈추지 말고 한 단계 더 나아간 특정한 디테일까지 파고들어 보자.

'찐'으로 놀 수 있는
판을 깔아주자

연애 리얼리티에서 시청자들이 꼽는 최악의 빌런은 여러 이성 사이에서 갈팡질팡하는 캐릭터도 아니고, 원하는 이성을 쟁취하려 잘되어 가는 커플에 훼방을 놓는 캐릭터도 아니다. 시청자들은 진심을 다해 몰입하지 않는 캐릭터, 연애보다는 본인 홍보를 위해 출연한 것 같은 캐릭터를 가장 참을 수 없어 한다. 한껏 심취해 보던 콘텐츠를 '가짜'로 느끼게 만드는 진정성 없는 캐릭터야말로 최악의 빌런이다.

상황에 완전히 몰입하고 진짜 감정을 표출해야 사람들은 리얼하다고 여긴다. 리얼한 스토리텔링을 위해서는 상황에

푹 빠져 자신도 모르는 사이 진정성을 폭발시키게끔 유도하
는 것이 중요하다.

누구의 눈치도 보지 않고 뛰어놀 수 있는 판

진정성을 폭발시키려면 그 누구의 눈치도 보지 않고 마음껏
뛰어놀 수 있는 판을 깔아줘야 한다. 편하고 자유로운 분위기를
조성해야 한다는 뜻이다. 최근 유튜브에서 음주 토크쇼, 집을
배경으로 한 콘텐츠가 인기를 끌고 있는 것도 이 때문이다.

요즘 웹 예능에는 술 한잔을 함께하는 토크쇼가 많다.
BTS, 블랙핑크, 에스파 등 슈퍼스타들이 즐겨 찾는 웹 예능
〈차린건 쥐뿔도 없지만〉을 기점으로 〈짠한 형 신동엽〉〈조
현아의 목요일 밤〉〈풍자愛술〉〈헬스클럽〉, 기안84의 〈술터
뷰〉 등 많은 음주 토크쇼가 웹 예능의 주류를 이루고 있다.

이처럼 음주 토크쇼가 성공할 수 있었던 이유는 '술'의 특
성에 있다. 취중진담이란 말이 있듯이 술은 이성의 고삐를
느슨하게 풀어 평소에는 하지 못하던 말과 행동을 하게 만
든다. 술 덕분에 출연자들은 카메라가 찍고 있음에도 촬영
이라는 것을 잊고 솔직해진다.

〈차린건 쥐뿔도 없지만〉은 호스트 이영지가 자신의 실제 집에서 게스트와 일대일로 술을 마시며 대화하는 웹 예능이다. 정말로 음주를 하며 녹화하기 때문에 이영지가 술에 취해 화장실에서 잠이 들어 게스트인 BTS 진이 클로징 멘트를 한 적도 있다. 이런 장면을 보며 시청자들은 인물들이 정말로 카메라를 벗어나 놀고 있다는 리얼함을 느낀다.

술이 아닌 '집'의 특성을 활용한 콘텐츠도 있다. 최근 많은 스타들이 자신의 집을 배경으로 콘텐츠를 제작해 대중과 소통하고 있다. 오차 없이 철저히 기획된 무대와 세트를 벗어나 자신의 서재, 침대 위, 부엌, 안방 등 집 안 곳곳을 누비는 스타들은 자신도 모르게 '나다워'진다.

27년간 진행하던 라디오에서 하차한 최화정의 다음 행보는 자신의 집을 배경으로 한 유튜브 콘텐츠였다. 최화정은 실제로 거주하는 성수동 집에서 평소 즐겨 먹는 음식 레시피, 사용하는 그릇, 피부 관리 비법 등 크고 작은 본인의 노하우와 정보를 모두 공개한다. 자신의 취향과 가치관으로 가득한 집이라는 공간 속에서 편하게 스스로를 드러낸다.

사람의 긴장을 풀어주는 술만큼이나 집이라는 익숙하고 친숙한 공간은 편하고 자유로운 분위기를 조성한다. 최화정 또한 자신의 집에서 콘텐츠를 촬영함으로써 더욱 진정성 있는 모습을 보여줄 수 있었다.

"여기가 쇼핑 플랫폼이야, SNS야?"

마음껏 뛰어놀 수 있는 판을 만드는 것은 콘텐츠에만 적용되는 이야기가 아니다. 소비자들이 브랜드의 눈치를 보지 않고 편하고 자유롭게 놀 수 있다면 상품 리뷰에도 진정성이 담길 수 있다.

크림KREAM은 나이키의 조던 시리즈 같은 한정판 스니커즈를 안전하게 거래할 수 있게 도와주는 중개 플랫폼으로 시작했으나 현재는 운동화뿐만 아니라 옷, 시계, 가방 등의 패션 제품은 물론 티켓, 가구까지 중개하는 대형 플랫폼으로 성장했다.

이들은 일반적인 의류 쇼핑 플랫폼과 달리 소비자가 진심으로 뛰어놀 수 있는 판을 처음부터 적극적으로 조성했다. 크림 어플 속 '스타일'이라는 탭은 마치 인스타그램을 연상시킨다. 포스팅, 좋아요, 댓글, 팔로잉, 저장, 해시태그 검색 등 소셜미디어의 기능을 모두 담고 있다.

모두가 볼 수 있는 공간에 자신의 일상을 공유하는 데 거리낌이 없는 MZ 세대는 크림으로 구매한 상품의 리뷰를 마치 SNS에 자신의 'ootd_{outfit of today}'를 공유하듯 업로드한다. 리뷰 포인트를 받기 위해 기계적으로 상품 리뷰를 올리는 기존의 쇼핑몰과는 전혀 다르다. 소셜미디어의 기능을 어플에 담음으로써 그 안에서 편하고 자유롭게 활동할 수 있도록 만들어놓으니 소비자들이 마음껏 옷 이야기를 하며 뛰어놀게 된 것이다.

같은 제품을 구매하여도 유저마다 어떻게 다르게 매칭해서 입었는지 비교해 볼 수 있고 서로의 게시물에서 활발한 인터랙션Interaction을 이어간다. 그리고 SNS 생태계와 동일하게 자신만의 스타일을 꾸준히 보여준 유저는 '크림 여신' 등으로 불리며 인플루언서로 자리 잡기도 한다.

크림은 플랫폼을 기획할 때부터 소비자가 마음껏 놀 수 있는 판인 커뮤니티의 중요성을 알고 있었다. 크림의 김민국 사업총괄은 "플랫폼 방문, 제품 탐색, 구매가 심리스seamless(경계선이 없는)하게 이어지는 게 중요하다 생각했다. 옷을 탐색하고 옷에 내해 미음껏 이야기하고 놀 수 있는 커뮤니티 공간을 만들어 주면 다음 단계인 커머스로 자연스레 넘어갈 수 있다. 그래서 플랫폼이 출범할 때부터 SNS로서 기능할 수 있는 '스타일' 탭을 함께 제공했다"라고 말했다.

패션에 진심인 사람들이 뛰어놀 수 있는 판을 만들어준 크림

실제로 자연스럽게 구매로도 이어진다. 옷을 사겠다는 분명한 목적이 있을 때가 아니면 일반 소비자들이 매일 쇼핑 플랫폼에 방문하지는 않는다. 하지만 단순한 리뷰 게시판이 아닌 재미있는 커뮤니티가 된 스타일 탭 덕분에 소비자들은 마치 SNS를 들락날락하듯 크림을 방문하게 된다. 이처럼 플랫폼에 체류하는 시간이 많아지면 구매로 이어질 가능성도 커진다. 소비자를 뛰어놀게 했더니 매출까지도 상승하는 효과를 이룬 것이다.

인테리어 쇼핑몰인 '오늘의 집'의 소비자 역시 스스로 크리에이터가 된다. 소비자는 오늘의 집에서 구매한 인테리어로 공간을 꾸민 후 사진을 올린다. 업로드한 사진에는 구매 페이지로 이어지는 링크를 첨부할 수 있고, 다른 사람이 꾸민 공간을 훑어보다 취향에 맞는 가구를 발견하면 바로 구매할 수도 있다. 크림과 마찬가지로 편하고 자유롭다. 소비자들에게 '오늘의 집'이라는 공간은 단순한 쇼핑몰이 아닌 하나의 커뮤니티이자 놀이터인 것이다.

1. **요즘의 스토리텔링에서는 리얼함이 곧 미덕이다. 리얼함에 따라
   몰입도와 호응도가 달라진다.**

   ㉠ 4년 차 부부의 생활을 리얼하게 그린 KCC 스위첸 광고

   ㉠ 기안84의 리얼함을 최대한 살리기 위해 노력한 〈태어난 김에
   세계일주〉

2. **하지만 100% 리얼은 없다. 있다 한들 받아들이는 입장에서는 알
   수 없다. 리얼하기 위해 노력하는 것보다 리얼하다고 믿게 하는
   것이 더 중요하다.**

3. **리얼한 스토리를 위해서는 매력적이고 입체적인 캐릭터가
   필요하다.**

   ✓ 매력적이고 입체적인 캐릭터를 만들기 위해서는 '욕망'과
   '결핍'을 부여해야 한다.

   ㉠ 범죄자를 잡겠다는 일관되고 뚜렷한 욕망을 지닌 〈범죄도시〉
   시리즈의 마석도 형사

   ㉠ 극복하기 힘든 결핍을 지닌 〈나의 아저씨〉 이지안

4. 디테일이 이야기를 더욱 리얼하게 만든다.

   ✔ 디테일에는 한 걸음 더 깊이 들어가서 짚어내는 '특정성'이

     있어야 한다.

      예 아이돌 팬덤 문화, 서울올림픽에서 한 걸음 더 들어간

      디테일을 보여준 〈응답하라〉 시리즈

      예 싸이월드를 그 어떤 드라마보다 디테일하게 활용한 〈선재

      업고 튀어〉

5. 누구의 눈치도 보지 않고 뛰어놀 수 있는 판을 깔아줄 때

   진정성이 폭발한다.

   ✔ 편하고 자유로운 분위기 조성이 중요하다.

      예 웹 예능에서 자주 활용되는 '술'과 '집'

      예 자유로운 리뷰 시스템을 통해 소비자가 뛰어놀 수 있게 한

      '크림'과 '오늘의 집'

9장

평화롭지 마라,

싸움 구경이 제일 재미있는 법이다

아름답고도 위험한 무기, '싸움'에 대하여

세상에서 제일 재미있는 구경은 싸움 구경이라고 했다. 싸움을 향한 사람들의 관심과 흥미가 그만큼 크다는 것을 의미한다. 스토리텔링에서도 싸움의 힘은 강력하다. 특히나 관심 가질 것이 넘쳐나는 이 시대에 싸움은 사람들의 시선을 끌 수 있는 강력한 무기다.

이번 장에서는 잘나가는 콘텐츠들이 싸움을 어떻게 사용하는지 살펴보며 싸움을 영리하게 사용하는 방법에는 무엇이 있는지 알아보자.

매력적이지만 내세우긴 겁나는 그 이름,
'싸움'

'세계 평화'가 평생의 꿈인 사람도 있다(아마도…?). **하지만 안타깝게도 스토리텔링의 세계에서 평화란 있을 수 없다. 모든 스토리는 싸움을 바탕으로 만들어지기 때문이다.**

딱 봐도 싸움투성이인 스릴러 장르나 서바이벌 프로그램은 두말할 것도 없다. 달달한 사랑을 보여주는 로맨틱 코미디에도 삼각관계의 다툼이 있고, 등장인물이 한 명밖에 없는 1인극에도 주인공의 내적 갈등이 있다.

이처럼 싸움은 이야기와 떼려야 뗄 수 없지만, 그간 싸움을 콘텐츠나 상품의 전면에 내세우는 일은 꺼려졌다. 그보다는 싸움이 종결된 후에야 비로소 얻어낼 수 있는 사랑, 화해, 평화 등을 앞세우는 것이 미덕이었다. 부정적인 내용을 앞세우는 데는 큰 리스크가 뒤따르기 때문이다.

부정적인 내용은 순간의 이목을 끌 수 있으나 반감을 사기도 쉽다. 내 콘텐츠 또는 상품이 부정적 노이즈라는 첫인상 때문에 정식으로 평가를 받기도 전에 외면부터 당할 수 있는 것이다.

싸움, 이야기 전면에 나서다

하지만 요즘은 다르다. 모든 것이 과잉 공급되고 있는 시대, 무엇보다 중요한 것은 '이목을 끄는 것'이다. **내 콘텐츠(상품)가 노이즈 때문에 매장당할지라도 이목을 끌 수 있다면 승부를 걸어볼 만하다.** 콘텐츠 업계는 그 어떤 분야보다도 이런 흐름에 예민하게 반응했다. 싸움을 노골적으로 앞세운 콘텐츠가 등장하기 시작한 것이다.

Mnet의 〈쇼미더머니〉는 싸움을 전면에 내세우는 흐름을 선도한 콘텐츠다. 〈쇼미더머니〉에서 참가자들이 서로 양보하고 칭찬하는 훈훈한 모습은 바로 '통편집'이다. 분량을 따내기 위해서는 다른 참가자를 찍어 누르고 물어뜯어야만 한다. 〈쇼미더머니〉는 갈등을 부각하는 편집으로 '악마의 편집'의 대명사로 불렸고, 서로 디스를 주고받아야 하는 '디스전'이라는 미션을 주며 아예 싸움을 위한 판을 깔아주기도 했다.

〈쇼미더머니〉를 비롯해 싸움과 노이즈를 적극적으로 조장하는 Mnet의 서바이벌 프로그램은 많은 비판을 받아왔다. 하지만 〈쇼미더머니〉는 시즌을 거듭할수록 부정적 반응이 줄어들며 무려 10년 넘게 이어지는 장수 프로그램이 되

'싸움'을 주 콘텐츠로 내세운 Mnet의 〈쇼미더머니〉

었고, 갈등과 싸움만큼 확실한 흥행 요소가 없음을 증명했다. 부정적 노이즈에 반감을 가졌던 대중도 이제는 '어그로'에 열 내지 않을 만큼 갈등과 싸움에 익숙해졌다.

대중의 이목을 끌고 싶다면 이야기에 갈등, 싸움, 노이즈를 적극적으로 집어넣어야 한다. 하지만 알아도 두려울 것이다. 싸움은 잘못 썼다가는 내가 베일 수 있는 양날의 검과 같기 때문이다.

어떻게 해야 이 위험한 무기를 효과적으로 쓸 수 있을까? 이제부터 싸움과 노이즈를 다치지 않고 영리하게 사용하는 법에 대해 알아보자.

싸움에도
'명분'이 필요하다 아입니까

"명분이 없다 아입니까."

영화 〈범죄와의 전쟁〉에서 싸움을 부추기는 최익현(최민
식 분)에게 최형배(하정우 분)가 날리는 명대사다. 싸움을 일
삼는 조폭들의 세계에서도 명분 없는 싸움은 일어나지 않는
다. 하물며 스토리텔링은 말할 것도 없다. 싸우게 하려면 분
명한 명분을 주어야 한다. 명분 없는 싸움은 그저 개싸움일
뿐이다. 명분을 어떻게 만들 수 있는지 사적 복수 드라마와
〈피의 게임 2〉의 사례로 살펴보자.

싸움에는 명분이 필요하다

명분이 있어야만 싸움을 죄책감 없이 즐길 수 있다. 시내 한복판에서 만취해 주먹다짐을 하고 있는 두 남자를 상상해 보자. 흥미진진하게 느낄 수도 있지만, 한편으로는 마음이 불편할 것이다. '저러다 크게 다치면 어쩌지? 신고 안 해도 되나? 이렇게 구경만 하고 있어도 되는 걸까?'

이런 가정을 더해보자. 싸우고 있는 사람이 '남편'과 '그의 아내와 부적절한 관계에 있는 불륜남'이라면? 그리고 남편이 이기고 있다면? 훨씬 즐거운 마음으로 싸움을 지켜볼 수 있을 것이다. 어쩌면 불륜남이 맞을 때 쾌감을 느낄지도 모른다.

싸움에 명분을 부여하면 불편함과 죄책감은 사라지고, 흥분과 희열을 온전히 즐길 수 있다. 그런데 명분은 어떻게 만들 수 있을까? 싸움에 당위성을 부여하면 된다. 다음 세 가지를 기억하자.

1. 싸워야 하는 분명한 이유를 만들어준다
2. 싸움을 위한 적절한 판을 깔아준다
3. 언더독underdog을 주인공으로 만든다

사적 복수 드라마에는
분명한 싸움의 이유가 있다

사적 복수 드라마는 '싸워야 하는 분명한 이유'를 스토리 텔링에 어떻게 넣을 수 있는지 보여주는 대표적 사례다. '사적 복수'란 피해자가 정당한 법적 절차를 밟지 않고 개인적인 방식으로 복수하는 것을 뜻한다. 〈모범택시〉 〈더 글로리〉 〈빈센조〉 〈살인자ㅇ난감〉 등 사적 복수를 주제로 한 드라마가 부쩍 늘었다. 그리고 상당수가 성공을 거뒀다.

사적 복수 드라마가 인기를 얻는 데에는 여러 이유가 있다. 사법 체계에 느끼고 있던 실망감을 시원하게 해소해 주기 때문일 수도 있고, 피해자와 가해자의 위치를 뒤바꿔 통쾌함을 느끼게 해주기 때문일 수도 있다. 그러나 사적 복수 드라마의 가장 큰 강점은 폭력에 명분을 부여해 자극적인 콘텐츠를 거부감과 죄책감 없이 즐길 수 있게 해준다는 것이다.

사적 복수 드라마에서 복수는 폭력적이고 잔인한 방식으로 진행되는 경우가 많다. 〈더 글로리〉에서 문동은은 자신을 괴롭힌 학교폭력 가해자 다섯 명에게 복수를 계획한다. 서서히 숨통을 조이며 그들을 빠져나올 수 없는 수렁으로 끌

대한민국을 강타한 사적 복수 드라마들

어들인다. 결국 〈더 글로리〉에서 가해자 다섯 명은 모두 비참한 말로를 맞는다.

누군가는 콘크리트에 빠져 사망하고, 누군가는 목에 연필이 꽂혀 말을 제대로 할 수 없는 장애를 얻는다. 치밀하고 집요한 복수이고, 잔인하고 폭력적인 결말이다. 미행, 도촬, 협박 등 불법적인 방법까지 동원된다. 보기 불편할 수도 있지만, 문동은의 학창시절을 지켜본 시청자들은 문동은을 응원한다. 심지어 문동은의 복수가 더 잔인하길 기대하는 사람도 있다.

이 폭력적인 내용들이 시청자에게 얼마나 유해한지에 대해서는 여러 의견이 있다. 하지만 폭력이 효과적인 흥행 코드라는 것은 부정할 수 없는 사실이다. 구독을 적극적으로 유치해야 하는 OTT 플랫폼들이 사적 복수 드라마를 사랑하는 것만 봐도 알 수 있다.

콘텐츠에서 폭력이라는 코드의 사용을 피할 수 없다면 싸워야 할 정당한 이유를 부여하는 것이 그나마 덜 유해하게 쓰는 방법이 아닐까?

덱스와 하승진을 싸우게 만든 적절한 판

싸울 수 있는 적절한 판을 깔아주는 것도 명분을 부여하는 방법이다. 〈피의 게임 2〉의 명장면을 단 하나만 꼽자면 역시 덱스와 하승진의 육탄전이다. 승부욕을 주체하지 못한 하승진이 덱스에게 달려들고 덱스도 이에 굴하지 않고 강하게 부딪치는 모습이 담긴 유튜브 쇼츠가 조회수 100만 회를 넘었고, 쇼츠를 시청한 사람들이 시청자로 유입됐다.

하승진과 덱스가 부딪치는 장면이 나오는 2화부터 〈피의 게임 2〉는 웨이브 신규 유료 가입 견인 지수 1위로 올라섰다. 화제성 지수도 전주 대비 200% 이상 상승하며 입소문을 탔고, 흥행작 반열에 오를 수 있었다.

〈피의 게임 2〉에서 덱스와 하승진이 충돌하는 장면

만약 덱스와 하승진이 서바이벌 프로그램이 아닌 〈런닝맨〉이나 〈놀면 뭐하니?〉에서 싸웠다면 어떻게 됐을까? 화제는 됐겠지만 〈피의 게임 2〉보다 훨씬 큰 논란과 노이즈를 가져왔을 것이다. 그 프로그램들에는 싸움을 위한 적절한 판이 깔려 있지 않기 때문이다. 그러나 〈피의 게임 2〉에는 '습

〈피의 게임 2〉의 명장면을 만들어낸 덱스와 하승진

격의 날'이라는 적절한 판이 있었다.

　〈피의 게임 2〉의 초반부는 '저택 팀'과 '히든 팀', 두 팀의 대결 구도로 진행된다. 히든 팀은 자신들의 존재를 숨기고 야생에서 살아가며 저택으로 들어갈 기회를 엿본다. 그렇게 힘든 나날을 보내던 중 히든 팀이 저택 팀을 공격할 수 있는 '습격의 날'이 찾아온다.

　히든 팀이 저택에 숨겨진 세 개의 상징을 파괴하면 저택 팀에게서 저택을 탈취할 수 있다. 따라서 저택 팀은 히든 팀으로부터 상징을 보호해야 한다.

　상징을 둘러싼 신체적 싸움이 있을 수밖에 없었다. 그렇기 때문에 변수가 많았고, 자칫 지저분한 싸움으로 흘러갈 수도 있었다. 사실 저자는 이런 이유 때문에 습격의 날을 우려했지만 총연출인 현정완 PD는 습격의 날이 꼭 필요하다고 주장했고 결국 〈피의 게임 2〉의 명장면을 만들어냈다.

히든 팀은 벌레가 득실거리는 열악하고 혹독한 환경에서 습격의 날만을 기약 없이 기다리며 하루하루 살아가야 했다. 팀원들은 그 과정에서 서로 돈독해졌고, 그만큼 독이 올랐다. 저택 팀도 마찬가지였다. 사람이 한 명씩 실종되고 주방에 있던 음식들이 사라지는 등 알 수 없는 외부의 위협을 느끼며 팀원 사이의 결속이 단단해졌다. 모두 승리를 향한 열망이 강해졌고, 시청자들도 이들에게 자연스레 이입한 상황에서 습격의 날이 도래했다. 싸움을 납득할 수밖에 없도록 잘 짜인 판이었다.

사적 복수 드라마와 〈피의 게임 2〉 사례에서 알 수 있듯 **스토리텔링에서 싸움을 활용할 때는 싸워야 하는 분명한 이유를 주거나, 적절한 판을 깔아줌으로써 싸움의 명분을 만들어야 한다.** 〈범죄와의 전쟁〉의 최형배의 대사를 빌려 이렇게 정리할 수 있다. "싸움에도 명분이 필요하다 아입니까!"

언더독은 우리 마음을 뜨겁게 한다

강자가 약자를 짓누르는 싸움은 불편함을 주지만, 약자가 강자를 깨부수는 싸움은 통쾌함과 짜릿함을 준다. 이를 설명하는 용어도 있다. '언더독 효과underdog effect'다. 경쟁에서 열세에 있는 약자를 응원하게 되는 심리를 뜻한다. 그래서 약자가 강자에게 도전하는 것 자체가 싸움의 명분이 된다.

심리학으로 들어가지 않더라도 우리 주변에는 너무나 많은 사례가 있다. 만화 『슬램덩크』의 독자들은 누가 봐도 열세인 강백호의 북산이 역대 최강의 산왕을 꺾었을 때의 감동을 잊을 수 없을 것이다. 바둑 말고는 학벌도, 경험도 없는 만화 『미생』의 주인공 장그래가 쟁쟁한 지원자들과 정규직 자리를 놓고 경쟁할 때, 많은 독자가 장그래에 이입하며 응원했다. **아무리 봐도 승리하기 힘들어 보이는 언더독이 강력한 탑독을 상대할 때, 사람들은 언더독에 관심을 가지고 응원하기 마련이다.**

2023년 OTT 플랫폼 웨이브는 언더독인 자신의 위치를 활용해 재미있는 광고를 선보였다. 넷플릭스가 한창 '요즘 넷플 뭐봄'이라는 카피를 밀고 있을 때 웨이브는 '넷플 말고 뭐봄? 요즘은 웨이브 봄'이라는 카피를 내세웠다. 넷플릭스

넷플릭스를 도발한 웨이브의 광고 카피

의 카피를 유머러스하게 활용한 것이다. 넷플릭스는 OTT 시장에서 지배적 위치에 있는 강자이고, 웨이브는 그에 비하면 약자다. 체급 차이가 분명함에도 불구하고 웨이브는 넷플릭스를 도발했다.

다윗은 골리앗을 쓰러뜨렸지만, 웨이브는 넷플릭스를 쓰러뜨리지 못할 가능성이 크다. 하지만 쓰러뜨리지 못한다고 해서 꼭 패배인 것은 아니다.

'요즘은 웨이브 봄' 광고를 본 사람들을 대상으로 광고 상기도(광고를 기억하는 정도)를 조사한 결과, 47~48% 수준을 기록했다고 한다. 광고를 본 사람 두 명 중 한 명은 이 광고를 기억한다는 뜻이다. 브랜드 선호도를 조사했을 때에도 광고를 본 사람들의 선호도가 광고를 보지 않은 사람들에 비해 22%가량 더 높았다고 한다.

광고를 접한 사람들이 언더독인 웨이브에 관심을 가지고 응원하게만 해도 충분하다. 싸움과 노이즈를 영리하게 활용한 마케팅이라 말할 수 있다.

참을 수 없는
'참견'의 장을 만들자

멀리서 지켜만 보는 것이 아니라 훈수를 두고 참견할 수 있을 때 싸움 구경은 훨씬 재미있어진다. 참견을 시작하는 순간 싸움의 외부인이 아니라 내부인이 될 수 있기 때문이다. 자고로 남의 싸움이 아닌 내 싸움일 때 더 몰입할 수 있는 법이다.

이번에는 한 번 보면 섭사리 시나칠 수 없는 흥미진진한 싸움을 만드는 요소, '참견'에 대해 알아보자.

'남의 싸움'을 '나의 싸움'으로 만들어라

사람들이 스토리텔링으로 접하는 싸움의 주체는 '나'가 아니라 '남'이다. 내 싸움이 아니기에 언제든 신경 끄고 외면할 수 있다. **그래서 더더욱 남의 싸움이 아닌 나 혹은 나와 가까운 사람들의 싸움이라고 생각하도록 유도해야 한다. 이를 가능케 하는 것이 바로 '참견'이다.**

싸움에 참견한다는 것은 곧 그 싸움에 참여한다는 의미다. 참견으로 내 편을 정할 수 있고, 내 적도 정할 수 있다. 이렇게 내 편과 적이 생기면 친밀감이 들고, 강하게는 소속감도 생긴다. 당연히 몰입도 강해진다.

참견을 유도하는 것은 분란을 일으키는 '어그로 끌기'와 비슷해 보이지만, 이 둘은 같으면서도 다르다. 사람들이 관심을 가지고 떠들게 한다는 점은 같다. 하지만 떠들게 하는 방법이 꼭 '분탕질'일 필요는 없다.

분탕질은 분명 효과적으로 시선을 끈다. 하지만 콘텐츠(상품)에 부정적 영향을 끼칠 수 있기 때문에 리스크가 있다. 그래서 우리는 참견을 이끌어내는 다른 두 가지 방법을 살펴볼 것이다.

1. 접근성을 높인다
2. 참견의 여지를 던져준다

광수부터 옥순까지, 〈나는 SOLO〉 신의 한 수

'접근성 높이기'는 참견을 이끌어내는 좋은 방법이다. 구경꾼이 싸움의 내용이나 상황을 이해하지 못하면 개입할 수 없다. 바둑을 모르는 사람이 훈수를 둘 수 없듯 말이다. **싸움에 참견할 수 있도록 최대한 쉽고 친절하게 다가가며 접근성을 높여야 한다.**

2장에서 다뤘던 〈나는 SOLO〉에는 기수마다 '영철' '광수' '옥순' 등 익숙하면서 촌스러운 이름을 가진 출연자가 등장한다. 제작진은 이 이름마다 이미지를 만들었다. 예를 들어 '영철'은 마초스러운 남성, '광수'는 고학력 전문직 남성이며 '옥순'은 가장 외모가 뛰어난 여성의 이미지를 가지고 있다. 이 이름들은 그 이미지에 가장 잘 어울리는 출연자에게 부여된다.

〈나는 SOLO〉는 출연자들에게 고유한 이름을 붙임으로써 참을 수 없는 참견의 장을 열었다. 이름에서 이미지를 바로 떠올릴 수 있기 때문에, 기수가 바뀌어 새로운 출연자가 등장하더라도 붙여진 이름만으로 쉽게 캐릭터를 파악할 수 있다. 시청자로 하여금 높은 이해도를 가지고 곧장 몰입하도록 했다. 안 그래도 참견하고 싶은 사랑 이야기에 더욱더 참견하기 좋은 환경을 만들어준 것이다. 이는 가히 '신의 한수'라고 할 수 있다.

참견하지 않고는 못 배기는 떡밥 뿌리기

참견의 여지를 주는 것도 참견을 이끌어내는 방법 중 하나다. 채널A의 〈강철부대〉는 최강의 특수부대를 가리는 서바이벌 프로그램이다. 〈강철부대〉는 여성에 비해 상대적으로 예능 프로그램을 덜 시청하는 남성들마저 사로잡았다. 남성들이 참견하지 않고는 못 배길 수많은 참견의 떡밥을 제공했기 때문이다.

군대 이야기라면 절대 빠지지 않는 대한민국 남성들에게 군대 예능만큼 좋은 참견거리는 없을 것이다. 게다가 〈강철부대〉는 해병대, 특전사, UDT 등 부대별로 팀을 나눠 서바이벌을 진행한다. 해병대와 특전사 중 누가 더 강한지, 어떻

'최강의 특수부대는 어디인가'라는 도발적인 참견거리를 던진 채널A의 〈강철부대〉

게 해야 총을 더 잘 쏠 수 있는지 등 참견하고 싶은 떡밥으로 넘쳐나는 프로그램인 것이다.

스토리텔링에 싸움을 넣은 것만으로 만족하지 말자. 접근성을 높이고, 참견의 여지를 줌으로써 그 싸움이 마치 나의 일처럼 여겨지도록 만들자. 그래야 싸움에 대한 몰입이 증폭될 것이다.

'NEW' 스토리 코드 9

1. **스토리텔링의 세계에 평화란 있을 수 없다. 대중의 이목을 끌고 싶다면 이야기에 갈등, 싸움, 노이즈를 집어넣어라. 단, 영리하게.**

2. **싸움에 명분을 부여하면 불편함과 죄책감은 사라지고, 흥분과 희열을 온전히 즐길 수 있다.**

   ✔ 싸워야 하는 분명한 이유를 만들어준다.

   ㉐ 사적 복수 드라마 〈더 글로리〉

   ✔ 싸울 수 있는 적절한 판을 깔아준다.

   ㉐ 〈피의 게임 2〉의 덱스 vs. 하승진

   ✔ 언더독을 주인공으로 만든다.

   ㉐ 웨이브의 광고 카피 "넷플 말고 뭐봄? 요즘은 웨이브 봄"

3. **멀리서 지켜만 보게 하지 말고 참견하게 하자. 참견할 수 있을 때
   싸움 구경은 훨씬 재미있어진다.**

   ✓ 접근성을 높여 참견하게 한다.

   ⍉ 출연진에 고유의 이름을 붙여 캐릭터를 파악하게 한 〈나는 SOLO〉

   ✓ 참견의 여지를 던져준다.

   ⍉ '군대'라는 소재로 남성들에게 참견의 여지를 준 〈강철부대〉

새로운 스토리 패러다임과 마주한
당신을 위하여

이제까지 새로운 시대에서 살아남기 위한 아홉 가지 스토리텔링 공식에 대해 알아보았다. 내용이 짧지 않았던 만큼 간략하게 되짚어 보려 한다.

지루함을 혐오하는 이 시대에 더 이상 기승전결은 통하지 않는다. 위기와 극복을 반복하는 '위기-극복 구조'로 인내심이 바닥난 사람들을 붙잡아야 하고, '체리피킹'을 하는 소비자를 위해 제일 재미있는 부분을 가장 먼저 공개해야 한다.

또한 스토리텔링에 맞는 톤 앤 매너가 중요하다. 세련된 것, 멋있는 것만을 고집해서는 안 된다. 스토리의 TPO에 맞게 적절한 옷을 입어야 하고, 때로는 유치함으로 시선을 끌 수 있어야 한다.

빌드업을 통해 과몰입을 유발할 수 있어야 한다. 빌드업을 한다고 무조건 몰입도가 높아지진 않는다. 오히려 지루해질 수 있다. 때문에 과몰입을 위해서는 내적 친밀감을 느끼게 해야 하고, 마치 롤러코스터를 탄 듯 과정을 예측할 수 없게 해야 한다.

획일화된 대중이라는 개념은 이제 사라졌다. 마이너한 장르와 익숙한 흥행 요소를 결합한 스토리로 개인의 취향과 보편적인 공감대를 동시에 잡아야 한다. 충성도 높은 덕후를 잡는 것이 스토리의 성패에 중요해짐에 따라 극단적인 관계성과 친근한 신비주의로 덕후들을 끌어당겨야 한다.

요즘 시대의 콘텐츠에 필요한 것은 밀당이 아닌 관종의 자세다. 무슨 수를 써서라도 관심과 이목을 끌어야 한다. 스포일러를 과감하게 활용할 수 있어야 하고, 과정도 아낌없이 활용해야 한다.

소비자들은 더 이상 모험하지 않는다. 따라서 스토리텔러들도 새로움에 목맬 필요가 없다. 아는 맛이되 지겹지 않은 맛의 스토리가 필요하다. 아는 맛과 아는 맛을 더하면 안전하지만 신선한 스토리가 나온다. 익숙한 스토리에 등장인물을 바꾸거나 화자를 바꾸면서 변주를 주는 것도 좋은 방법이다.

문해력 저하, 집중력 저하, 인내력 저하가 보편적인 현상임을 받아들여야 한다. 구구절절 설명해 봤자 먹히지 않기에 단 한 줄, 단 한 장면으로 나의 이야기를 전달해야 한다. 시대의 욕망을 건드리고, 공감을 자아내며, 역설과 밈을 적극적으로 활용해야 한다.

현실에 가까운 리얼한 스토리를 만들고자 노력하기보다는 스토리가 리얼하다고 믿게 만드는 것이 훨씬 영리한 방법이다. 그러기 위해서는 캐릭터의 욕망과 결핍을 부여해야 한다. 또한 디테일을 만들고, 마음껏 뛰어놀 수 있는 판을 깔아주어야 한다.

대중의 이목을 끌고 싶다면 싸움과 노이즈를 두려워하지 말아야 한다. 싸움에 명분을 부여하면 싸움을 좀 더 안전하게 활용할 수 있다. 싸움에 사람들이 참견하도록 유도할 수 있다면 싸움의 효과는 배가 될 것이다.

아홉 가지 스토리텔링 공식을 쭉 살펴보았다. 목차만 보아도 알 수 있듯이, 각각의 챕터는 이제껏 당연히 해오던 것을 하지 말라는 내용으로 구성되었다. 기승전결을 버려야 하고, 대중적이지 말아야 하며, 새롭지 말아야 한다고 얘기한다.

다소 과격하게 보일 수도 있지만, 책을 쓰기로 처음 마음먹었을 때부터 떠올린 구성이었다. 시대가 바뀌었으니 스토리도 바뀌어야 한다는 사실을 강조하고 싶었다. 고정관념에 얽매이거나 타성에 젖어 스토리를 만들어서는 안 된다고 말하고 싶었다. 책을 마치며 돌아보건대 처음의 계획이 어느 정도는 지켜진 것 같아 안도감이 든다.

AI, 메타버스, 알고리즘 등 기술의 발달은 우리를 이제껏 겪어본 적 없는 새로운 스토리의 세상으로 이끌 것이다. 우리는 커다란 변화를 마주하고 있다. 『스토리 혁명』이라는 이 책의 제목은 새 시대에 맞는 스토리텔링을 제시하는 '스토리텔링의 혁명'을 의미하기도 하지만, 예전과는 다른 새로운 스토리의 시대로 가고 있다는 '스토리 패러다임의 대변혁'을 의미하기도 한다.

새로운 시대에서 살아남기 위해 이전까지 당연하게 여겨지던 스토리텔링을 의심하고 재고하길 바란다. 효과적이고 매력적인 당신만의 스토리텔링 공식을 찾을 수 있을 것이라 믿는다. 그리고 이 책이 당신의 고민을 덜고 인사이트를 얻는 데 조금이나마 보탬이 되었길 바란다.

현유석, 정종찬, 정다솔

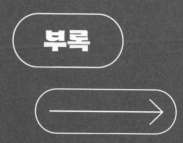

부록

지금 현직자들이 찾아보는
참고 사이트들

트렌드를 파악할 때, 레퍼런스가 필요할 때, 영감이 떠오르지 않을 때 현직자들이 찾아보는 사이트를 공개한다. 크리에이티브한 일을 하는 사람에게 도움이 되리라 믿는다.

*

폴인 folin.co

일에 진심인 사람들을 위한 트렌드&커리어 콘텐츠. 현직 전문가들의 생생한 이야기를 듣고 싶은 사람들에게 추천한다.

제레미레터 jeremyletter.com

글로벌 OTT 및 엔터테인먼트 현장을 다루는 웹진. 글로벌 OTT 전략과 동향이 궁금하다면 살펴보기를 권한다.

아이즈 ize.co.kr

엔터테인먼트, 컬처, 라이프, 스포츠 등을 다루는 웹진. 최근 콘텐츠에 대한 비평을 비롯해 엔터테인먼트 전반에 대한 정보를 얻을 수 있다.

엔터미디어 entermedia.co.kr

드라마, 예능 등의 리뷰를 다루는 웹진. 최신 콘텐츠에 대한 리뷰를 이곳에서 확인할 수 있다.

대학내일20대연구소 20slab.org

국내 최초·유일의 20대 타깃 전문 연구 기관. 20대의 관심사 및 트렌드를 알고 싶다면 꼭 참고하기를 바란다. 대학내일에서 발간하는 뉴스레터 '캐릿'을 구독하는 것도 추천한다.

뉴닉 newneek.co

최신 뉴스를 전달하는 뉴스레터. 시간이 없어 뉴스를 확인하기 힘든 사람들, 어려운 현안을 쉽게 이해하고 싶은 사람들이라면 도움을 얻을 수 있다.

WLDO youtube.com/@WLDO100

최신 해외 이슈 및 마케팅 트렌드를 소개하는 유튜브 채널. 해외의 최신 마케팅 트렌드를 영상으로 쉽게 설명해 준다는 점에서 유용하다.

롱블랙 longblack.co

하루 한 개의 트렌드·인사이트를 제공하는 구독 플랫폼. 특히 비즈니스 성공 사례를 찾아보고 싶은 사람들에게 추천한다.

스투시 블로그 blog.naver.com/stussyblog

국내외 다양한 분야의 마케팅·브랜딩 사례를 소개하며 새로운 아이디어와 인사이트까지 제공하는 블로그. 광고 기획자, 마케터라면 꼭 들어가 보기를 권한다.

비핸스 behance.net

어도비가 운영하는 온라인 크리에이티브 커뮤니티. 전 세계 웹 디자이너들이 소통하고 자신의 작품을 공유한다. 작업물에 대한 영감을 얻거나 디자인 트렌드를 읽고 싶은 사람들에게 추천한다.

더스트리머블 thestreamable.com

OTT 관련 해외 소식 전문 매체. 글로벌 OTT의 전략과 동향이 궁금하다면 참고하기를 바란다.

스크린데일리 screendaily.com

해외 영화 산업 관련 전문 매체. 국내에서는 알기 힘든 해외 영화 산업 전반에 대한 정보가 궁금한 사람들에게 추천한다.

위클리글로벌 kocca.kr/shortUrl/Fe7p

한국콘텐츠진흥원이 일주일에 한 번씩 제공하는 해외 콘텐츠 산업 이슈 및 현지 소식. 방송, 영화, 게임, 만화, 음악 등 콘텐츠 산업 전반의 트렌드와 동향을 파악할 때 참고하기 좋다.

마케터 이승희의 영감노트 instagram.com/ins.note

마케터 이승희가 자신의 일상에서 수집한 다양한 영감을 기록하는 인스타그램 페이지. 흥미로운 마케팅 사례들을 보고 싶은 사람에게 추천한다.

아워익스프레스 ourexpresso.com, instagram.com/ourexpresso

다양한 주제와 인물의 인터뷰를 담은 텍스트 미디어. 담백한 스토리텔링이 돋보인다. 유명인뿐만 아니라 자신만의 라이프스타일을 가진 사람들의 인터뷰를 볼 수 있다.

카피피디아 instagram.com/copy_pedia

매달 최신 카피를 간결하게 정리해 주고, 아이디어가 되는 작법과 케이스를 공유한다. 최신 카피를 편리하게 보고 싶은 사람들에게 추천한다.

마케터 임숲숲 instagram.com/limsoopsoop_the_human

영화, 글, 음악 등을 추천해주는 문화 아카이빙 플랫폼. 영감이 되는 콘텐츠의 큐레이팅이 필요한 사람들에게 추천한다.

레코드 매거진 instagram.com/record_mag

다양한 장르의 음악 소식과 정보, 그리고 취향을 공유하는 종합 음악 매거진. 아티스트들의 새 앨범과 콘서트 정보를 놓치고 싶지 않은 사람들에게 추천한다.

어반라이크(잡지) instagram.com/urbanlike_magazine

창작자들에게 가치 있는 이슈를 선정하여 창의적인 시각으로 풀어내는 도시 문화 아카이브 매거진. 발간 호마다 하나의 주제를 선정해 심도 있게 다룬다. 관심 있는 주제를 다룬 호를 찾아 살펴보길 추천한다.

숏폼 시대의 소비자를 사로잡는 스토리텔링 코드 9

스토리 혁명

초판 1쇄 발행 2024년 8월 21일
초판 2쇄 발행 2024년 10월 18일

지은이 현유석·정종찬·정다솔
펴낸이 김선식

부사장 김은영
콘텐츠사업2본부장 박현미
책임편집 남궁은 **디자인** 마가림 **책임마케터** 문서희
콘텐츠사업5팀장 김현아 **콘텐츠사업5팀** 마가림, 남궁은, 최현지, 여소연
마케팅본부장 권장규 **마케팅1팀** 박태준, 오서영, 문서희 **채널팀** 권오권, 지석배
미디어홍보본부장 정명찬 **브랜드관리팀** 오수미, 김은지, 이소영, 박장미, 박주현, 서가을
뉴미디어팀 김민정, 이지은, 홍수경, 변승주
지식교양팀 이수인, 염아라, 석찬미, 김혜원
편집관리팀 조세현, 김호주, 백설희 **저작권팀** 이슬, 윤제희
재무관리팀 하미선, 임혜정, 이슬기, 김주영, 오지수
인사총무팀 강미숙, 김혜진, 황종원
제작관리팀 이소현, 김소영, 김진경, 최완규, 이지우, 박예찬
물류관리팀 김형기, 김선민, 주정훈, 김선진, 한유현, 전태연, 양문현, 이민운

펴낸곳 다산북스 **출판등록** 2005년 12월 23일 제313-2005-00277호
주소 경기도 파주시 회동길 490 다산북스 파주사옥
전화 02-704-1724 **팩스** 02-703-2219 **이메일** dasanbooks@dasanbooks.com
홈페이지 www.dasan.group **블로그** blog.naver.com/dasan_books
용지 신승아이엔씨 **인쇄** 북토리 **코팅·후가공** 평창피엔지 **제본** 다온바인텍

ISBN 979-11-306-5630-4 (03320)